Guía para el vegano *im*perfecto

Guía para el vegano *im*perfecto

Marta Martínez Canal

Creadora de
@midietavegana

VERGARA

Papel certificado por el Forest Stewardship Council®

Primera edición: enero de 2019

© 2019, Marta Martínez Canal
© 2019, Penguin Random House Grupo Editorial, S. A. U.
Travessera de Gràcia, 47-49. 08021 Barcelona

Printed in Spain – Impreso en España

ISBN: 978-84-16076-91-8
Depósito legal: B-25.808-2018

Compuesto en Infillibres, S. L.

Impreso en Black Print CPI Ibérica
Sant Andreu de la Barca (Barcelona)

VE 7 6 9 1 8

Penguin
Random House
Grupo Editorial

Índice

Preámbulo

Verás que en este libro me dirijo a ti, en segunda persona. Es algo un poco extraño en una guía de este tipo, pero es que transitar al veganismo no es como hacer un bizcocho de chocolate: la motivación para cocinar siempre será, en último término, ¡comer! La razón para ser vegano suele ser personal, muchas veces múltiple o también difusa. En ocasiones, se llega al veganismo como fruto de una decisión meditada y, en otras, a causa de una necesidad imperiosa.

Tal vez solo quieras curiosear sobre qué significa realmente ser vegano o quizá busques reducir tu consumo de carne. Sin duda también me dirijo a ti, porque creo que estas páginas pueden plantar la semilla de la compasión hacia las demás especies.

Para hacer un bizcocho, solo tenemos que seguir las instrucciones. Si somos alumnos aventajados, incluso podemos innovar o poner nuestro toque personal. Para convertirnos en veganos *im*perfectos, debemos hacer un viaje personal por una gran cantidad de costumbres, gustos y hábitos que hemos ido adquiriendo con el tiempo, y luego empezar a desprendernos de ellos.

Cada proceso es personal y único. El tuyo será diferente del nuestro, quizá mellizo, quizás antagónico. Lo que sí tienes que saber es que, una vez que llegues al veganismo, formarás parte de toda esa red diversa y heterogénea tejida en torno al antiespecismo.

No hay un vegano perfecto porque no vivimos en un mundo vegano. Todos somos veganos *im*perfectos que tratamos de acercarnos a ese punto en el que nuestra vida no implique sufrimiento ni explotación animal.

No trates de competir por ser el mejor vegano, ni siquiera contigo mismo. No te compares con otros. Simplemente, trata de ser la mejor persona posible para los animales cada día, en cada decisión que tomes.

El veganismo

La palabra «veganismo» es de reciente creación y nace en Gran Bretaña. En concreto, el término *vegan* fue utilizado por primera vez en 1944 por Donald Watson, uno de los fundadores de la Vegan Society de Inglaterra. De hecho, celebramos el Día Mundial del Veganismo el 1 de noviembre precisamente porque es la fecha de la fundación de esa sociedad.

¿Para qué una nueva palabra, si ya teníamos el término «vegetariano»? Lo cierto es que no había ninguna que englobase realmente lo que es el veganismo, en sentido amplio. Cuando alguien se autodefine como «vegetariano», habitualmente se refiere a que es ovolactovegetariano. En realidad, está comúnmente aceptado que un vegetariano es aquel que no consume carne ni pescado, pero sí huevos y lácteos. Sin embargo, con la palabra «vegetariano» nos quedamos con una parte muy pequeña de todo lo que abarca el veganismo.

¿Qué significa ser vegano?

Un vegano es una persona que ha decidido no consumir, utilizar ni explotar a los animales de forma alguna. En ningún ámbito y en ningún momento. Suena utópico, y realmente lo es; por eso hemos querido advertir que solo llegarás a ser un vegano *im*perfecto. ¡Que no te importe! Por ahora es más que suficiente.

«Veganismo» es un término en disputa, también dentro del movimiento. Lo cierto es que no hay una sola definición, la que mencionamos solo es la más extendida y aceptada. Lo podrás ver catalogado como dieta, también como estilo de vida, como postura ética o política. Seguramente las dos últimas sean las más acertadas.

Para empezar, no tendrás la suerte de encontrarte nunca con un grupo de veganos homogéneos. Las primeras generaciones educadas en el veganismo están ahora creciendo y no son muy numerosas, así que la mayoría de las personas veganas nos hemos criado como no-veganos o carnistas, para ser más precisos. No compartimos una educación en el veganismo, ni tampoco una determinada tendencia política, una misma fe o una cultura similar. Quizás otros grupos que se unen por una misma causa tengan muchas más cosas en común, pero nosotros carecemos de ese punto de unión más allá de la postura ética ante el consumo de animales.

El grupo que conformamos los veganos en el mundo es heterogéneo porque nuestras motivaciones también lo son. Nuestra postura ética —el reconocimiento de que los animales no son diferentes en derechos a los humanos— nos mueve en la misma dirección. Esa afirmación de igualdad entre todos los animales, humanos y no-humanos, es lo que llamamos antiespecismo.

Hay tres grandes motivaciones, que luego sirven para clasificar erróneamente a los veganos:

- **Animalismo.** Te mueve la compasión por los animales.
- **Ambientalismo.** Quieres salvar el planeta de la degradación provocada por los humanos.
- **Dietética.** Te preocupa tu salud y quieres comer más bien para sanarte o sentirte mejor.

Las razones raramente son únicas, pero seguro que encajas mejor en una que en otra. Sin duda, también hay otras más personales. Todas son válidas para dar el paso. Aunque el veganismo va mucho más allá del contenido de nuestra nevera, es habitual empezar a eliminar la carne del menú planteándote qué comes e investigando cómo llega la comida a tu plato.

La cultura y la religión son también dos motores importantes del vegetarianismo en todo el planeta. La India es el país que encabeza el ranking de población vegetariana mundial, tanto en porcentaje (según la FAO del 20 al 42%) como en número total de habitantes. Diferentes estudios indican que, incluso entre quienes consumen carne, hay un 30% que lo hace con poca frecuencia. Efectivamente, como imaginábamos, el porcentaje de personas veganas también es muy alto.

El vegetarianismo está bien organizado en la India desde hace tiempo, y es habitual que los productos vayan marcados con un punto verde si son vegetarianos o con un punto marrón o rojizo si no lo son. También hay algunos productos definidos como vegetarianos «puros», ya que la mayor parte de la población india vegetariana es lactovegetariana, es decir, su comida suele incorporar lácteos. No es nada extraño, ya que tanto el hinduismo como el jainismo son religiones con mucho peso en el país. Estas dos creencias comparten el principio filosófico *ahimsa* de no-violencia y de respeto a la vida.

En la ciudad de Palitana, el sacrificio animal está prohibido desde que hubo una huelga de hambre de los monjes jainistas de la zona. En el caso de Israel, las restricciones alimentarias propias del judaísmo han facilitado que un porcentaje muy elevado de la población se declare vegetariana, y haya un porcentaje de veganos superior al de otros países.

China tiene un 5 % de población vegetariana. Es un país que suele estar relacionado con el maltrato animal, sobre todo debido a la celebración del festival de Yulin, en el que se consume carne de perro. No olvidemos que, en realidad, en un país de sus dimensiones, ese porcentaje modesto supone millones de personas. Si bien dicho festival continúa conmemorándose, también es cierto que no son pocos los activistas que luchan por prohibirlo.

Por singular que parezca, esta práctica tiene muchos puntos en común con las matanzas de cerdo o de corderos de otros países, el toreo, los rodeos, los circos con animales o los zoos.

Los 10 países con más población vegetariana

Por porcentaje

India	20%-42%
México	19%
Brasil	14%
Taiwán	14%
Suiza	14%
Australia	11%
Nueva Zelanda	10,3%
Bélgica	10%
Alemania	10%
Suecia	10%

Por número de individuos (aproximado)

India	258.800.000-543.400.000
China	50.000.000
Brasil	29.260.000
México	23.370.000
Estados Unidos	19.540.000
Japón	18.370.000
Alemania	8.000.000
Italia	4.246.000
Canadá	3.411.000
Taiwán	3.297.000

Fuente: Datos extraídos de los estudios de población más recientes en cada país.

Límite: el dolor y la sintiencia

¿Por qué el veganismo distingue entre plantas y animales? La línea entre los dos reinos de seres vivos no la puso un vegano, sino que existe desde hace mucho más tiempo. La diferencia principal para el veganismo entre unos y otros es el dolor. Cada cierto tiempo, se publica un estudio sobre la capacidad de sentir de las plantas. En el mundo vegetal también hay sensores que procesan información y formas para que esa información viaje no solo a una parte de ese individuo, sino a todo él. Las raíces de los árboles y las plantas detectan cambios en el suelo (la humedad y el nivel de nutrientes) y generan compuestos químicos que son detectables por otras raíces cercanas.

El hecho de que el reino vegetal tenga estas capacidades no implica que las plantas sientan dolor. El dolor es una respuesta que da el cerebro ante un estímulo que procesa el sistema nervioso. Reconocer y procesar un estímulo externo, aunque sea negativo, no siempre conlleva sufrimiento.

En el caso de los moluscos, existe un debate sobre la capacidad de sintiencia de algunas especies: los mejillones, por ser bivalvos, no cuentan con un encéfalo definido como los cefalópodos (el pulpo). Sin embargo, además de un extenso sistema nervioso periférico, sí que se observan ganglios encefálicos y viscerales, que cumplirían funciones parecidas. A día de hoy no hay unanimidad entre la comunidad científica sobre si los bivalvos solo disponen de nocicepción o si realmente sienten algo parecido al dolor o al placer.

Así pues, no podemos afirmar que los mejillones, las

ostras o las almejas no sientan dolor. Aunque los mejillones no intentan escapar de los depredadores —algo que sí hacen las almejas, escondiéndose en la tierra—, hay probabilidades de que sientan dolor y por ello deberían conseguir ser excluidos de nuestro consumo.

¿Por dónde empiezo?

No existe una forma correcta o incorrecta de empezar en el veganismo: hay muchas opciones válidas. Pero sí tienes que decidir la vía más acorde con tu estilo de vida y tu situación:

- **Empezar de un día para otro.** Generalmente, esta opción se aplica tan solo a la alimentación, porque abarcarlo todo de golpe es imposible y poco recomendable.
- **Ir poco a poco, de forma gradual.** Normalmente se empieza por la alimentación.
- **Comenzar por otros ámbitos.** No prioriza necesariamente la alimentación.

Las dos primeras opciones son las más habituales, porque, como decíamos, priorizar la alimentación parece lo más lógico. Por mucho que para los animales sea igual de terrible ser criados independientemente de lo que produzcan (leche, carne, piel), y vivir encerrados en un pequeño receptáculo de un zoo, para nosotros no lo es. Culturalmente, no es lo mismo comernos a alguien que utilizar un champú para el que se ha experimentado, o ponerse un jersey de lana.

¿Cómo podemos ayudar a los animales?

- Con nuestro dinero, eligiendo qué compramos: tanto productos como marcas o servicios.
- Reciclando.
- Adoptando, rescatando o apadrinando animales abandonados.
- Apoyando económicamente a asociaciones y santuarios veganos.
- Votando a partidos que tengan políticas que favorezcan a los animales.
- Acudiendo a marchas, manifestaciones o *performances* a favor de los derechos de los animales.
- Promoviendo la divulgación del antiespecismo y del veganismo.
- Conformando grupos de presión política para contrarrestar a los lobbies carnistas.
- Llevando también el veganismo al terreno profesional.

Se abre un mundo de abundancia para ti

Aunque hayas decidido ir poco a poco o de golpe, lo cierto es que, de repente, te encontrarás con que tus marcas favoritas, tu comida preferida o tu ropa ya no son aptas.

Tampoco el maquillaje que utilizas, parte de tus formas de ocio e incluso las medicinas. Al principio, puede ser estresante empezar a pensar de modo distinto. Es normal: al ver el mundo con otros ojos, este nos revela información que antes no teníamos en cuenta; de hecho, es habitual acercarse al veganismo al descubrir cómo se nos oculta.

¿Por qué las patatas fritas de sabores llevan componentes lácteos? ¿Desde cuándo los derivados de la leche o del huevo aparecen en la mayoría de los procesados, aunque no sean ingredientes? ¿Cómo puede ser que los condones no sean aptos? ¿Y tampoco la vajilla? ¡¿La porcelana lleva hueso?! Ya seas un vegano primerizo o no, estos son ejemplos que sorprenden cuando empiezas a revisar etiquetas en profundidad. La buena noticia es que podrás prescindir de la mayoría de estas cosas.

¿Te atreves a realizar un pequeño ejercicio sobre alimentación?

- Apunta en una libreta todo lo que comes en una semana. Absolutamente todo.
- Haz una lista de la compra en base a esto. Anota los ingredientes aunque hayas salido a comer fuera en algún momento.
- Pregúntate: ¿Cuántas veces repito alimentos animales? ¿Qué alimentos de origen animal se reitera más?
- Y lo más importante: ¿Detectas algún plato que se repita habitualmente en tu dieta?

La mayoría de personas, ya sea por falta de tiempo, de habilidades culinarias o de gustos, nos alimentamos a base de un número restringido de platos. También es posible que solo tengamos acceso a una determinada variedad de alimentos. Así, es fácil acabar teniendo una dieta con poca rotación, aburrida pero cómoda.

¿Cómo acercarse a la alimentación 100% vegetal?

- Prueba el «lunes» sin carne: un día a la semana sin carne ni pescado.
- Apúntate a alguno de los retos semanales de menú vegano saludable que hay en las redes sociales.
- Anímate a probar nuevos sabores y texturas; así no echarás nada de menos.
- Elimina la carne y el pescado en casa, reemplazándolos por alternativas vegetales saludables.
- Cuando estés fuera, elige opciones vegetales siempre que puedas.
- Cambia la leche y el queso por alternativas vegetales que te gusten.
- Revisa cuidadosamente las etiquetas de lo que compras; hay muchas opciones sin ingredientes animales.
- No fumes. Las colillas son un problema de contaminación de primer orden.

Por suerte ahora, pese a un cambio de esta envergadura, encontrarás un nuevo mundo de sabores y texturas. Por supuesto, puedes empezar sustituyendo únicamente aquello que no es apto o determinados alimentos según el plan que hayas trazado. Pero, sin duda, te aconsejo que te apuntes a algún curso de cocina de tu nivel, de algo que realmente te apetezca. No importa que sea presencial u online: descubre la alimentación vegetal como más te apetezca; así seguro que te parece más sencillo.

Dicen que toda crisis es una oportunidad. En este caso, se trata de aprovechar en positivo una de las consecuencias que aparecen cuando revisas de arriba abajo tu alimentación. Tienes la fantástica oportunidad de experimentar con nuevos ingredientes, así que ¡aprovéchala!

¿El veganismo es una dieta?

La cuestión es la siguiente: ¿qué entendemos por «dieta»? Si nos referimos a una dieta terapéutica, de las que ponen los nutricionistas para que estemos saludables, entonces el veganismo no lo es: no te servirá para estar más delgado, ni tampoco para coger peso, muscular o estar más sano. Si eso es lo que persigues, necesitarás una dieta terapéutica adaptada a tus objetivos. De manera que, si quieres adelgazar, podrás lograrlo siendo vegano, pero recuerda que tendrás que visitar al nutricionista igualmente.

¿Qué es lo primero que piensas cuando escuchas la palabra «dieta»? Incluso sin quererlo, muchas personas relacionamos la dieta con el adelgazamiento y, automáticamente, vemos un menú con todos los alimentos pesados y muchas restricciones. Pero yo siempre digo: «el veganismo no es una dieta, a dieta estoy yo».

Es importante que la gente deje de asociar el veganismo con la comida saludable o adelgazante, porque estar más sano, más delgado o musculado no es, en ningún caso, el fin último de ninguna persona vegana. Eso se puede conseguir con muchas otras dietas seguramente menos restrictivas y más accesibles. Efectivamente, el veganismo no es la pauta alimentaria más saludable que existe, aunque muchos puedan pensar lo contrario. No podemos decir que comer vegetales sea más saludable que consumir tanto productos animales como vegetales, puesto que no es cierto. ¡Cuánto quisiéramos las divulgadoras veganas tener semejante herramienta para convencer a quienes no les interesa el veganismo!

Sin embargo, el veganismo sí es una dieta en la medida en que es el patrón alimentario de un grupo de personas. En el ámbito religioso esto es mucho más visible porque, al no llevar el mismo nombre, no se confunde: por ejemplo, la religión judía habla de alimentos y preparaciones *kosher*, el islam de *halal*. El veganismo no es una religión, ni nada parecido, pero sí que somos un grupo de gente, heterogéneo, con unas pautas alimentarias definidas y unas restricciones muy claras. Por lo tanto, la dieta vegana es, simplemente, la dieta de las personas veganas.

Si alguien no es vegano y lleva una dieta vegetal, su dieta es vegetariana. También se puede decir que la dieta vegana es una dieta vegetariana estricta que, además, tiene otro tipo de consideraciones. Aquí entrarían todas esas cuestiones que se debaten en la comunidad vegana, como, por ejemplo, si es apto o no un alimento que, aunque no tenga ingredientes de origen animal, pueda desfavorecer el entorno o la vida de los animales.

¿Es una fase?

Si ya eres vegano (o estás en transición, o bien te lo estás pensando), seguro que te han dicho muchas veces que «estás en una fase» o que «solo es una moda». Lo cierto es que, efectivamente, para muchas personas el veganismo es una etapa de sus vidas, pero que ha llegado para quedarse.

El número de veganos está creciendo al tener acceso a muchos más productos diferentes y, en especial, al haberse creado una comunidad que expande y da visibilidad a la información. La revolución que ha supuesto internet también ha conseguido que el veganismo se extienda con más fuerza. Ahora es más fácil que nunca descubrir recetas, consejos, trucos y opiniones de otros veganos. En cierto modo, estamos menos solos.

Pese a todo, no cabe duda de que, de todas las cuestiones en las que se centra el veganismo, comer es la que tiene una raíz social más arraigada y la que nos puede hacer fracasar.

Veganismo *cool*

Muchas personas han empezado a oír hablar de veganismo a través de los medios. Hace tiempo, ya existían publicaciones que trataban las dietas vegetales y el veganismo de forma amplia: eran artículos destinados a un público considerablemente reducido, interesado en la salud y el cuidado del planeta desde un punto de vista naturalista; por otro lado, las noticias masivas relacionadas con personas veganas solían tener cierto sentido negativo. Esto sucedió hasta que llegaron las personalidades de la política, el deporte y, finalmente, de la industria del entretenimiento.

En 2015, Beyoncé anunció públicamente que seguiría una dieta vegana durante veintidós días con tal de ponerse «a punto» para los festivales; gracias a ello, el veganismo se convirtió definitivamente en algo *cool*. Pese a ser solo de carácter alimentario, la imagen del veganismo acaba relacionándose con una dieta saludable, y entonces estalla la moda de ser vegano como algo de lo que presumir en redes sociales o en determinados círculos.

Actualmente, en muchas partes del mundo, el veganismo está de moda porque está en pleno crecimiento y las caras conocidas que lo defienden pertenecen a la cultura popular. En el mundo anglosajón, tenemos el ejemplo de la actriz Pamela Anderson o de la diseñadora Stella McCartney. Las nuevas figuras mediáticas que llevan el veganismo a primer plano, como la tatuadora Kat von D o la cantante Miley Cyrus, han cambiado la imagen que mucha gente tenía de las personas veganas.

Sin embargo, la imagen del veganismo como dieta temporal se ha extendido y algunas personas lo entienden como una opción personal que puede seguirse con más o menos interés. Esto ocurre paralelamente al crecimiento de las dietas vegetales, del aumento de las opciones aptas, de la proliferación de festivales y ferias veganas y del interés por la ética animal.

En Estados Unidos hay muchas celebridades que han promocionado el «vegetarianismo estricto saludable», algunas desde la perspectiva de la salud y la alimentación, aunque sin incidir en que se trata principalmente de una postura ética. Esta moda del veganismo, según la cual algunas personas se identifican como veganas sin serlo (buscando prestigio social), tiene una parte negativa. Al saltarse la dieta en eventos sociales o vestir con cuero o seda, esas personas terminan confundiendo a la gente que desconoce las implicaciones del veganismo. Ser vegano no es algo que se haga en unas determinadas circunstancias, al gusto del consumidor, sino una cuestión de principios que nos acompaña siempre.

El hecho de que muchas personas lo identifiquen como algo *cool* también implica que hay quienes, sobre todo en las redes sociales, rentabilizan su veganismo en las redes, incluso consiguiendo que se transforme en la base de su actividad profesional, para más tarde abandonarlo porque ya no les encaja en su vida.

Por lo tanto, hay que recordar que, como en toda comunidad heterogénea, cada persona se enfrenta al veganismo a su manera y que las personas públicas que supuestamente lo abanderan pueden erosionar la imagen del movimiento con sus decisiones personales.

La imagen vegana en las redes sociales

Las redes sociales son, sin duda alguna, una gran fuente de conocimiento. Los veganos podemos ahora acceder a contenido de calidad: recetas, consejos nutricionales, nuevos productos, marcas con opciones aptas, tiendas y comercios online donde adquirirlos. Pero también encontramos un soporte imprescindible: el apoyo moral.

Pese a ser una comunidad heterogénea, hay ciertas ideas preconcebidas sobre cómo son y deben ser las personas veganas. Ya ocurría con los vegetarianos en los países occidentales antes de que se popularizase el veganismo, el cual lo ha heredado en parte.

Hace unas décadas, el estereotipo más extendido de una persona vegetariana era la de una mujer que practicaba yoga y meditación, y se interesaba por las terapias alternativas y la medicina natural. En muchas ocasiones, se atribuía el interés por una dieta vegetal a la práctica del hinduismo o del budismo.

Con el tiempo, esta imagen se ha ido modificando, y las redes sociales han contribuido con una nueva imagen del veganismo relacionada con las *influencers* veganas más populares. La mayoría de cuentas en redes sociales que se identifican como veganas se dedican a la alimentación saludable o a la nutrición. En Instagram, la red social por excelencia para la gastronomía, muchas de sus cuentas son, en exclusiva, de recetas.

En las cuentas de estilo de vida veganas más populares, todavía encontramos una mayoría de mujeres, con un aspecto físico muy similar, que practican yoga y defienden un tipo de opción alimentaria vegana muy concreta. Esa imagen se acaba asociando a la delgadez y a la juventud natural y hace que parezca imposible que una persona vegana pueda tener sobrepeso, una vida sedentaria o sufrir de alguna enfermedad.

Aunque podemos encontrar cuentas con todo tipo de comida apta (incluyendo comida basura vegana), es más complicado encontrar en las redes sociales a personas que se salgan de un estereotipo normativo. Tanto por obesidad como por extrema delgadez, las personas que no cumplen el canon estético no suelen exponerse por miedo a los comentarios malintencionados y a los insultos.

El veganismo de las *celebrities* y en las redes puede hacer que este se perciba como una cuestión meramente estética, tanto por las presentaciones de los platos, como por el estilo de vida y la forma física que parece conllevar en los perfiles más populares. Sin embargo, es importante recalcar que la esencia del veganismo es la promoción del antiespecismo, y ahí cabe todo el mundo.

La alimentación de las personas veganas varía según sus gustos y su cultura gastronómica, ya que es habitual «veganizar» platos tradicionales. ¡La forma de vestir, el deporte que se practique o los ideales políticos siempre difieren de una persona a otra! El punto en común de todos nosotros es la lucha por el fin de la explotación animal.

Las frases que (casi) todo vegano ha oído

Independientemente de si llevas un mes reduciendo el consumo de carne o diez años siendo vegano estricto, en el camino te cruzarás con algunos comentarios y preguntas interesantes:

¿Qué pasa si te encuentras en una isla desierta y solo hay un cerdo? ¿Te lo comerías?

Las situaciones excepcionales y los extremos nunca deberían marcar nuestra agenda. Al menos en mi caso, dudo de que acabe compartiendo una isla desierta con un cerdo, una vaca o un cocodrilo. Y en el caso de que eso ocurra, no sabría cómo matar a un animal.

¿Y las tribus perdidas del Amazonas que cazan para subsistir?

Lo que hagan las comunidades indígenas que viven en equilibrio con su entorno y que son parte del ecosistema y de la cadena trófica son mi última preocupación como vegana. Sin embargo, sí me angustia su subsistencia por culpa de la agricultura intensiva y la deforestación para producir piensos, y que otros puedan comerse una hamburguesa a bajo coste.

Pero si las plantas también sienten...

Está claro que la diferencia entre los animales y las plantas es una convención que nos hemos inventado los humanos, en esa manía tan nuestra de clasificar las cosas para poder entenderlas. No se trata en ningún momento de menospreciar a las plantas o a otros reinos que no son el animal: todo aquello que nos encontramos en el planeta tiene una función, importa.

Pero todos los animales sienten: desde los animales más parecidos a nosotros, capaces de usar la lógica y de crear herramientas, a los más alejados y con los que menos empatizamos, como la mayoría de los insectos. La capacidad de sentir, de huir del peligro, de buscar activamente la salvación, es algo que todos tenemos en común. Eso no implica que, por supuesto, nuestra preocupación por el reino vegetal, sin el cual los animales estamos perdidos, deba ir más allá de la supervivencia. Sin embargo, esa ya no es una mera cuestión del veganismo. La finalidad de la manzana es ser comida, y sus semillas esparcidas, pero ser comida, al fin y al cabo.

Los animales de granja dominarán el mundo

¿Te imaginas que todo el mundo se hiciese vegano mañana? ¿Qué pasaría con todos los animales que ahora mismo posee la industria ganadera y agropecuaria? Suponte cientos de animales tomando los campos y las ciudades...

La realidad es que el mundo no se va a hacer vegano de un día para otro. No es necesario un plan para algo que no va a ocurrir y, en todo caso, el cambio, si sucediera, sería gradual.

Algunas cuestiones polémicas

El debate sobre ciertas cuestiones polémicas es necesario y ayuda a que avance un movimiento formado por personas tan distintas. No siempre conseguiremos una solución común, pero es probable que, tras la discusión, podamos incluso aceptar la postura contraria como válida o respetable aunque no cambiemos de opinión.

Por mucho que nos cueste, hay que recordar siempre que lo importante no es tener razón, sino conseguir avanzar hacia un mundo vegano y ético para los animales. Por lo tanto, focaliza tus esfuerzos en esto y ayuda a que el movimiento no se estanque en debates estériles una vez todas las posturas se hayan debatido y estén claras.

Veamos brevemente algunas de las cuestiones que generan más debate:

Las trazas

Esta es la polémica que tiene mayor consenso. En primer lugar, hay que puntualizar que las trazas no son ingredientes, sino partículas animales que pueden encontrarse en el producto vegano que compramos, por contaminación cruzada. Este producto no necesitaba ninguna traza para conseguir el sabor, la textura, el color o la duración que lo caracteriza. Pero se ha fabricado en un lugar que no es vegano, donde también se hacen otros productos y, por lo tanto, puede haber absorbido restos de alimentos no-veganos. En ningún caso las trazas son «trozos», siempre hablamos de partículas. Es decir, aparecerán partículas de un tipo de producto (una empanada de pollo) en otro producto (una empanada vegetal o un pan de semillas).

¿Por qué de repente aparecen las trazas en nuestras vidas? Siempre han estado ahí, no nos engañemos, solo que ahora, en muchos países, deben constar obligatoriamente en el etiquetado. Entonces, si no son ingredientes y no cambia ni el gusto ni la preparación, ¿por qué son tan importantes? Esto se debe a que las alergias alimentarias se han convertido en una prioridad para la industria alimentaria. Estas etiquetas salvan vidas, tanto de alérgicos como de celíacos.

«Si pone que tiene trazas de huevo, no lo considero vegano.» Estás en tu derecho, pero entiende entonces que la comida que te sirven tus amigos y familiares que no son veganos tampoco es apta, porque las trazas en el medio doméstico también se dan de forma habitual, por mucho que lavemos y freguemos. Simplemente, la pasta con boloñesa vegana que te comes no lleva la etiqueta de trazas de la carne de ternera que comen el resto de comensales.

El aceite de palma

Se trata de un tema que va mucho más allá del veganismo y que, para algunas personas, se ha convertido en una cruzada, aunque no sean siquiera animalistas o ecologistas. Para empezar, el aceite de palma refinado que solemos encontrar en los alimentos es de pésima calidad y nada saludable. Esto ya debería frenarnos a la hora de consumirlo. Es un aceite muy barato, de modo que la industria alimentaria ha extendido su uso para tener mayor margen de beneficio.

El drama llega cuando, para obtener este aceite, se talan miles de hectáreas de selva virgen, incluyendo las de Borneo, hábitat de muchos orangutanes que pierden su hogar y mueren de hambre. La imagen es francamente desoladora. A nivel medioambiental, es un enorme desastre para el ecosistema, la destrucción más absoluta.

Así que, en cierto modo, pese a tratarse de un producto totalmente vegetal, solo cuando el aceite es de comercio justo y no refinado, dejaremos de «pagar por la muerte de los orangutanes». Pero su producción mayoritaria sigue siendo problemática, exactamente en la misma línea que todos los monocultivos, donde también entrarían el cacao y el algodón. Sin embargo, si no comes ultraprocesados regularmente, tienes un consumo anecdótico. Intenta aplicar la misma lógica al algodón, al cacao y a cualquier monocultivo que, por muy vegetal que sea, acabe con ecosistemas enteros.

¿Deja de ser apto un producto que se comercializa como vegano si lo produce la industria cárnica?

La pregunta puede parecer muy rebuscada, pero en realidad es una constante que aparece cíclicamente, sobre todo cuando se lanzan nuevos productos en los supermercados y las grandes superficies. Veamos algunos ejemplos: esa marca de bebida vegetal que pertenece a una gran marca de lácteos, las hamburguesas de garbanzo fabricadas por los mismos que venden hamburguesas de vaca y los nuevos embutidos vegetales de las marcas de embutidos animales de toda la vida.

Es evidente que el veganismo es un nuevo nicho de mercado, y que las empresas intentan aprovecharlo. Eso implica que las que ya tienen experiencia en el sector se resistan al principio, pero acaben sacando productos marcados como veganos (y poco saludables) cuando la demanda ya es muy alta.

Estos productos son más fáciles de conseguir, los tenemos en casi cualquier supermercado y habitualmente son bastante más baratos que los que encontramos en las tiendas veganas, que también suelen ser de marcas más pequeñas y con una filosofía muy distinta a las grandes empresas. Los ingredientes de estas opciones más caras y poco accesibles son de mejor calidad y, generalmente, mucho más saludables.

En mi caso, son solo opciones de emergencia que están fuera de mi lista de la compra, puesto que hay muchas alternativas. Lo mejor será cocinar en casa para evitar aditivos, como colorantes y saborizantes, exceso de sal y azúcar y harinas refinadas. Pero si en un momento dado son necesarios, no debería suponer ningún cargo de conciencia: no vivimos en un mundo vegano; llegamos hasta donde podemos.

Necesitarás un nutricionista para que no te falten vitaminas y proteínas

Si te hace falta un nutricionista siendo vegano o vegetariano, eso significa que ya te hacía falta antes. Y lo cierto es que, pese a su importancia, no es habitual que tengamos una buena educación nutricional desde niños. Tu familia te transmite aquello que sabe, sin la garantía de que sea lo mejor para ti.

En términos generales, la mayoría de la población de muchos países no tiene buenos hábitos alimentarios. Un asesoramiento profesional por parte de un experto en nutrición no es en ningún caso un motivo para no dar el paso al veganismo o a una dieta vegetariana. En realidad, puede ser una buena oportunidad para incorporar mejoras en tus costumbres, y así lograr establecer una pauta que se ajuste a tus necesidades.

No podrás competir ni hacer músculo

Esta afirmación es muy fácil de desmentir: ahora sabemos que hay muchos deportistas de élite que, por diferentes motivos, llevan una alimentación vegetariana estricta o que son veganos. Desde alguno de los últimos ganadores de la competición «El hombre más fuerte del mundo», como Patrik Baboumian, pasando por las tenistas Venus y Serena Williams, el piloto Lewis Hamilton o el jugador de la NBA, Kyrie Irving.

No son solo los múltiples ejemplos que encontramos al buscar en Google, sino que tenemos evidencia científica de que las personas veganas pueden rendir al mismo nivel que las que llevan dietas omnívoras. Al llegar a niveles altos de competición, una pauta nutricional personalizada es imprescindible, así que el paso a una dieta vegetariana estricta no debería ser complicado.

¿Carne cultivada? ¡Eso no puede ser vegano!

Sin duda, es un tema controvertido. Nos guste o no, la carne de laboratorio ya está aquí. Es un producto pensado, precisamente, por la problemática que genera la ganadería a nivel medioambiental y por la imposibilidad de mantener el aprovisionamiento de carne.

Pero no nos engañemos: mientras en algunos países se multiplica el número de personas que siguen una dieta vegetariana o vegana, la demanda de carne crece exponencialmente y es inasumible a nivel industrial y planetario. Estamos ante una derrota global.

La carne de laboratorio puede ser el punto de inflexión que convierta a la ganadería intensiva en una explotación obsoleta y poco rentable a largo plazo. Miles de animales (ojalá también la pesca) dejarán de vivir vidas miserables y tener una muerte terrible a los pocos meses de vida.

Sin embargo, nos encontramos con muchas contradicciones, algunas derivadas del modo en que se ha defendido el veganismo durante años. Hemos dicho que no hacía falta comer carne, ¿y ahora hay carne que no viene de un animal? Sigue sin ser necesario, pero ¿es motivo para negarse? Algunas personas veganas mantienen, de forma general y sin matices, que comer carne es malo para la salud y, por lo tanto, no respaldan la carne artificial. Sin duda, el consumo elevado de carne roja es insano y muchos productos cárnicos como los embutidos son carcinógenos. Pero, una vez más: no somos veganos solo por salud, sino por ética. Nosotros podremos seguir eligiendo vivir de forma saludable, y otros decidirán no hacerlo.

Un punto de discrepancia difícilmente salvable es que, para producirla, hace falta experimentación animal. Es decir: parar salvar a muchos individuos debería ser necesario hacer sufrir a unos pocos... pero la herramienta ya la tenemos: el veganismo. La cuestión es que la carne sintética salvará muchas vidas a través del consumo de personas que no son veganas.

Quizá para los animales de granja, como colectivo, es un avance porque habrá menos individuos sufriendo. Para el veganismo puede ser una herramienta más para favorecerse de aquellas personas que nunca cambiarán su alimentación a una dieta vegetariana.

En cualquier caso: decide siempre con toda la información posible a tu alcance.

La soja no es sana

La soja es un alimento saludable. Es seguramente una de las mejores fuentes de proteína de las que disponemos las personas veganas y, no obstante, tiene muy mala fama. Hay quienes se niegan a consumirla por cuestiones de salud, incluso si se trata de soja no transgénica y de cultivo ecológico.

El consumo de soja no está contraindicado para personas sanas y tampoco para personas con problemas de salud. Los fitoestrógenos de la soja no interfieren con nuestras hormonas, ya que el cuerpo es perfectamente capaz de distinguir entre las dos. Por lo tanto, la soja no contiene disruptores endocrinos. Algunos médicos siguen prohibiéndola en casos de cáncer de mama o de problemas de tiroides, a pesar de que los estudios más recientes concluyen que su consumo no tiene incidencia negativa.

En el caso de las personas que toman medicación para el hipotiroidismo, sí deben esperar cuatro horas después de la ingesta de soja. Es una recomendación que, por ejemplo, da la prestigiosa Clínica Mayo.

Un mundo mejor para todos

Como hemos visto, el veganismo, en sus inicios, no se crea para disfrutar de sus beneficios. El hecho de que se trate de una cuestión ética muy concreta (el de los derechos de los animales que pueblan la Tierra) es lo que hace que también tenga beneficios para los humanos.

Por supuesto, los primeros beneficiados deberían ser los animales y sus hábitats. Si concebimos su derecho a la propia vida como la base del veganismo, el cuidado de su hábitat tiene que ser prioritario. Por lo tanto, los animales deberían ser siempre nuestro foco, así como el cuidado de los ecosistemas.

Aunque los seres humanos también somos animales, no somos depredadores. Como animales omnívoros, podemos vivir de la recolección y la agricultura sin necesidad de cazar. Ya no importa la ventaja evolutiva que, en un momento determinado de la historia, nos pudo dar el consumo de carne.

Hoy en día, la mayor parte de la humanidad está fuera

de la cadena trófica. Nuestro papel es muy diferente: nos dedicamos a adaptar el hábitat a nuestras necesidades.

Los humanos que disponemos de la mayor parte de los recursos del planeta somos tan solo consumidores. Convertimos a la naturaleza, a los animales y también a las personas en meros recursos. En muchos casos, estos recursos se explotan sin límite.

El veganismo puede ser una herramienta para detener nuestra propia degradación, situando la ética por encima del consumo y el beneficio económico.

Primero, los animales

El kopi luwak es el café más caro del mundo, y muy difícil de encontrar, así que es posible que, aun siendo un gran amante del café, nunca lo hayas probado. Su escasez y su precio se deben a la particularidad de una parte muy concreta del proceso de producción: la digestión de los frutos del café que hacen las civetas, modificando sus propiedades organolépticas.

Lo que empezó como una recogida de las heces de civeta para venderlas se ha convertido en un negocio muy lucrativo entre lugareños y productores de café. Las civetas ahora viven encerradas en jaulas, mal cuidadas y alimentadas con el objetivo de que sigan produciendo. Si buscamos aleatoriamente en internet sobre el café de civeta, las imágenes suelen dar a entender que siguen viviendo de forma salvaje; pero, dada la demanda, la imagen idílica esconde explotación y un maltrato brutal. La producción de estos granos se hace de forma natural y tradicional, pero eso no implica que sea respetuosa. La opacidad en su obtención en una zona del mundo tan lejana como las islas de Java, Sumatra, Bali o Filipinas en realidad acentúa el exotismo y justifica el elevado precio.

La historia de las civetas puede parecer una anécdota cuando, en realidad, es la historia de esclavitud de muchas más especies animales. Las jaulas donde ahora malviven las civetas son como las de los visones que se crían por su piel o las de las gallinas de huevos de peor categoría. Su alimentación, limitada a lo que es productivo y no a sus necesidades, no es diferente de lo que le ocurre a la mayoría de los animales de granja.

Todos los animales de granja en algún momento fueron también animales salvajes, aunque algunos, después de siglos de domesticación y selección, ya no se parecen nada a sus ancestros. Algunos animales viven toda su vida respondiendo a criterios productivos. No solo pierden su libertad, también su entorno natural, sus lazos familiares en el mejor de los casos. La mayoría vive en condiciones que serían definidas como «inhumanas», totalmente impensables para las personas.

Para llegar hasta este punto en que los animales no son vistos como sujetos con derechos, sino como productos, se llega por un proceso de cosificación. Cuando, en la Edad Media, los siervos de la gleba eran vendidos junto con las tierras a las que estaban atados, era porque su vida no tenía un valor equiparable al de otras personas de estrato social más elevado.

Durante el siglo XVIII, las fábricas empleaban a niños

pequeños pobres para algunos puestos, incluso peligrosos. No son pocos los ejemplos que nos ha dado la Historia de cómo las sociedades humanas son capaces de cosificar a un grupo de seres humanos por conveniencia para, una vez deshumanizados, utilizarlos o exterminarlos. Si hacer este proceso perverso con personas es algo que sigue ocurriendo, cosificar a individuos que no son de nuestra especie es aún más sencillo.

La creencia de que los animales nos pertenecen, que podemos utilizarlos como recursos a nuestro antojo, nos ha llevado a esta situación de sobreexplotación animal. No todas las culturas y sociedades lo han considerado de la misma manera, pero las sociedades culturalmente dominantes siguen teniendo este concepto de la naturaleza y los seres vivos: todos son recursos a nuestra disposición. Y así se ha llegado a la actual situación de cosificación y terrible explotación.

Los animales de granja

Los animales destinados al consumo humano son vistos como meras mercancías. En casos de inundaciones o incendios, algunos ganaderos prefieren que mueran para así cobrar la indemnización del seguro, o cuando una explotación ganadera no es rentable, en ocasiones se abandona con los animales dentro, que perecen de hambre y sed. El precio de la carne o el producto animal puede bajar tanto que al final no tiene ningún tipo de rentabilidad y abandonar la producción es el criterio financiero óptimo.

Son muchas las situaciones en las que los ganaderos, por motivos legales o económicos, no pueden utilizar a los animales que estaban criando, por lo que deben sacrificarlos. Llevarlos al matadero es más caro que simplemente dejarlos morir, o que matarlos de formas crueles pero muy baratas. Hay casos documentados de animales enterrados vivos en fosas comunes por ya no ser aptos para el consumo.

En el caso de que alguien llegue a enterarse de lo ocurrido, y si hay leyes de protección animal en ese país que lo contemplen, se pone una denuncia para que se multe al propietario; denuncia que suele venir de las asociaciones o los grupos animalistas. En general, las administraciones públicas no actúan de oficio, aun con los escándalos que organizaciones como Igualdad Animal llevan a los medios tras sus investigaciones en granjas.

No puedes salvarlos a todos,
pero puedes cambiar por completo la vida de algunos.

Hasta hace un tiempo había muy pocos documentales sobre la explotación animal, pero ahora, por suerte, cada año se estrenan más. Muchos de ellos tienen una buena producción detrás, con un guion y un ritmo que nos engancha. Algunos apelan a la compasión, otros a los motivos medioambientales, la mayoría nos hablan de nuestra salud. A pesar de las infografías, las imágenes y los testimonios, tampoco podemos creer todo lo que vemos en estos documentales.

La ganadería intensiva: fábricas de animales

Los principales productores de carne de cerdo son China, la Unión Europea, Estados Unidos y, muy por detrás, Brasil.

La tecnología para mejorar la producción de carne de cualquier tipo de animal no deja de avanzar. La demanda crece, la oferta se queda corta y la maximización de beneficios necesita la investigación para crear nuevas variedades que crezcan más y más rápido. También se han mejorado increíblemente los tiempos de engorde para la carne o la cantidad de huevos de puesta.

¿Qué implica para los animales todo este avance en la ganadería industrial? Para empezar, el animal se cosifica hasta convertirse en un número. Aunque la publicidad nos sigue vendiendo a granjeros y empresas que conocen a sus animales y se preocupan por ellos, como individuos viven de forma completamente anulada. No se respeta en absoluto la forma en que se organizarían, se relacionarían o se comportarían en la naturaleza. La mayoría de ellos vive en un estado de estrés constante que se traduce en conductas tan poco naturales como las que podemos ver en un zoo.

Tanto en la ganadería como en la piscifactoría predomina el hacinamiento de animales en instalaciones industriales muy diferentes a sus propios hábitats. Para poder vivir en estas condiciones, los animales tienen que sufrir otras prácticas para no comprometer la producción: arrancar dientes o cortar picos son algunas de las prácticas que se realizan. Otro ejemplo claro son las condiciones de vida de las cerdas de cría. Pasan la mayor parte de su vida tumbadas e inmovilizadas entre excrementos. Tienen un mínimo contacto con sus hijos, con los que de otro modo interactuarían de formas complejas, como hacemos los seres humanos. En su situación no pueden hacer nada más que alimentarse y alimentar a sus crías.

Los hábitats de las especies que hace cientos de años se domesticaron son solo un reflejo de lo que fueron. En libertad, su esperanza de vida es ahora mucho más baja porque contraen enfermedades y no tienen la capacidad de camuflarse o defenderse que tenían sus antecesores.

Animal	Edad de sacrificio	Esperanza de vida
Vaca lechera	5 años	20 años
Ternero de lechera	1 o 2 días	20 años
Vaca (carne)	1-3 años	20 años
Ternero (carne)	32 semanas	20 años
Gallina (huevos)	1-2 años	8 años
Gallina (carne)	6 semanas	8 años
Pollito macho (huevos)	1 o 2 días	8 años
Pavo	8-26 semanas	10 años
Cerdo (carne)	6 meses	15 años
Cerdo (cría)	3-5 años	15 años
Pato	7 semanas	15 años
Cordero	3-6 meses	12 años

Fuente: *Viva.org.uk*

Queremos vivir en el autoengaño, creer que los animales viven felices y contentos, que son sacrificados con métodos humanitarios y que, además, son necesarios para nuestra alimentación, pese a que conocemos la realidad de las granjas. Cuando algo que se sale de aquello que conforma nuestra realidad crea una disonancia cognitiva, como humanos intentamos buscar una justificación lo suficientemente poderosa como para volver al equilibrio. Nos apoyaremos en la tradición, la necesidad, los hechos aislados o, directamente, en la creencia de que se nos está engañando.

El sacrificio lácteo

¿Sabes qué hace falta para que una vaca dé leche? Un embarazo y un ternero. La industria láctea es una de las más crueles que existen. Es bastante difícil de ver, porque la publicidad de las lecheras nos lo oculta.

A pesar de que en televisión vemos esos verdes prados con vacas rodeadas de terneros, la mayoría de la leche de vaca viene de granjas industriales donde los terneros son separados de sus madres nada más nacer. En algunas granjas mecanizadas, las vacas son ordeñadas cada cinco horas. Este proceso se repite durante diez meses al año.

Cuando dan a luz a sus crías, para poder seguir dando leche, se las separa desde el primer momento. Si son hembras, se criarán para dar leche. Los machos irán a una granja de engorde y, a los pocos meses, al matadero. Estas granjas son muy habituales por su alta rentabilidad y pueden cumplir con muchos de los estándares de bienestar animal que miden las agencias de calidad.

Las vacas lecheras, que tienen una esperanza de vida de veinte años, suelen sacrificarse con cinco aproximadamente. En ese tiempo, habrán parido todos los terneros necesarios para mantener la producción de leche necesaria. En realidad, mientras el ternero se gesta, la vaca estará seis de esos nueve meses de preñez siendo ordeñada. El ternero, nada más nacer, será apartado de su madre, que no podrá ofrecerle ni el calostro. Esa primera y valiosa sustancia que debería ser el primer contacto con los terneros es ahora también un ingrediente para productos funcionales.

En ocasiones los terneros no son apartados de su madre, aunque, a veces, no se les separa pero se les coloca un morral que les impide mamar, lo cual es muy desesperante tanto para ellos como para la vaca. Estos bebés serán engordados con pienso, tendrán poco tiempo de vida y serán sacrificados rápidamente. En algunos países, si su carne no es rentable, se dejarán morir, como ocurre con las crías de otras especies de granja.

Las vacas crean un potente vínculo con sus hijos y todo este proceso es muy doloroso para ellas. Esa es la razón por la que los terneros separados de las madres las llaman y ellas intentan buscarlos. Esta realidad está perfectamente documentada y silenciada por la industria láctea.

Aunque pueda parecerlo, una explotación intensiva no es muy distinta que la de una granja ecológica. Lo interiorizamos de forma diferente porque los productos ecológicos se perciben como más naturales. Dado que la publicidad ha forjado nuestra idea de qué es natural en la vida de los animales, en el fondo creemos que los animales están en el mundo para ser utilizados por nosotros, que sus vidas nos pertenecen, y, por lo tanto, esas granjas deben de ser diferentes.

En realidad, el proceso para fecundarlas es igual: también se les quitan los terneros, viven aproximadamente el mismo tiempo (mientras son rentables por su leche), y se sacrifican para la carne.

Nadie cría gallinas salvajes. En realidad, hay muchas razas de gallinas, algunas son ponedoras, otras son para la producción de carne. Estas últimas, como sucede también con las razas de cerdos y otros animales, se han ido seleccionando para que den la mayor cantidad de carne en el menor tiempo posible.

Los estándares de bienestar dejan bien claro, mediante un sistema de puntos, que hay muchas prácticas que son legales y no excluyentes de la certificación, aunque no generen tantos puntos. Según el sistema AENOR de certificación de calidad, algunas prácticas se pueden realizar con o sin anestesia, dando muchos más puntos las que se realizan con anestesia.

Un ejemplo de esta situación sería la castración. Podríamos pensar que, si la castración no se realiza con anestesia, automáticamente ya no hay bienestar animal pero, al tratarse de un sistema de puntos, el ganadero puede escoger no hacerlo para reducir costes en ese proceso y seguir optando al sello.

Sin embargo, cuando escogemos un producto y vemos que tiene un sello de bienestar animal, nos imaginamos una imagen bucólica de una granja con su prado verde y los animales en libertad. Incluso cuando se trata de granjas que tienen animales estabulados inmovilizándolos (como a las cerdas, que no pueden ni darse la vuelta), seguimos pensando en los cerdos al aire libre.

En las granjas de cría extensiva, menos industrializadas, la situación es muy diferente. Por supuesto, hay animales que se crían en la montaña o al aire libre. Si bien su situación es sensiblemente mejor en su día a día, el resto de condiciones no cambian. Su esperanza de vida estará siempre ligada a la óptima para la carne, la leche o los huevos que vayan a producirse, y será siempre muy inferior a la que tendrían fuera del negocio ganadero.

La tradición y la costumbre, sus enemigas

Combatir esas costumbres, ya sean ancestrales o importadas hace poco tiempo, en las que el maltrato de los animales es el centro de la fiesta y de la diversión, es una de las caras más visibles de la lucha antiespecista.

Muchos festejos populares en localidades de todo el mundo tienen como momento cúspide la tortura de un animal. A algunos se les tira de un campanario, a otros se les torea y se les atraviesa con una espada en una plaza, o bien son degollados y desangrados para convertirse en banquete. No es algo que ocurra solo en un estrato social o con un tipo de animal concreto.

La sociedad es más permisiva con las costumbres propias que con las de otras regiones, culturas y tradiciones, aunque nos parezcan atroces. El festival de Yulin, en

China, donde se cocinan perros que esperan su turno en diminutas cajas para ser sacrificados, es muy similar a la matanza del cerdo española. Con el agravante de que la matanza del cerdo no cumple con la legalidad vigente en la actualidad y el festival de Yulin no se salta ninguna ley. Y, sin embargo, las reacciones que generan son muy diferentes.

Las personas que participan de las tradiciones que maltratan animales han sido educadas en un entorno en el que esas costumbres son parte de su identidad. La cultura popular es una herramienta importante en la cohesión social. Si la confrontación llega de fuera de la comunidad, esta es percibida como un ataque a la identidad de ese grupo, a su cultura y a sus valores. Enfrentarnos a estas tradiciones es hacerlo con nosotros mismos.

Los animales domésticos

Algunos animales nos han acompañado, de forma más o menos involuntaria, desde hace cientos de años. A los perros se les selecciona y cruza hasta obtener la raza preferida para trabajar, cazar o simplemente demostrar estatus social. A otros los criamos para mantenerlos en jaulas y peceras.

Los animales domésticos han sido la primera línea de lucha desde los inicios del animalismo. Muchas personas han llegado al veganismo desde el animalismo, al estar en contacto con animales abandonados.

Como ocurre con los animales de granja, también la selección ha hecho estragos en los animales que se crían para ser mascotas. Solo para empezar, la cría con fines económicos utiliza hembras que quedan embarazadas sin descanso hasta que dejan de ser útiles. En el caso de la cría en casas particulares, la situación de los animales suele ser mejor, pero sin embargo es una de las principales causas de los abandonos.

El caso de los perros de raza es paradigmático. La creación de las razas de perro ha generado que muchos individuos tengan graves problemas de salud. El hecho de cruzar animales de la misma raza para asegurar la pureza ha hecho que fallen genéticamente: desde problemas respiratorios a movilidad reducida, hay razas en las que ya es habitual que tengan que sufrir alguna operación quirúrgica en algún momento de su existencia.

En su vida, muchas mascotas sufren:

- Mutilaciones, como ocurre con las orejas y el rabo en muchas razas de perros.
- Malos tratos y violencia.
- Malnutrición.
- Falta de cuidados veterinarios.
- Abandono.
- Privación de libertad.
- Muerte violenta.

Muchos animales salvajes se ponen de moda como mascotas y su tráfico se incrementa. El tráfico de animales supone la muerte de muchos individuos y la invasión de espacios naturales protegidos, ya que su transporte en muchos países o el paso de la frontera es ilegal. Como si se tratase de cualquier otro tipo de mercancía inerte, el paso por las aduanas y su transporte se hace normalmente sin asegurar el bienestar de estos seres vivos, arriesgándose a que una gran cantidad de individuos no lleguen a su destino con vida.

Los peces, los olvidados

Podríamos afirmar que, poco a poco, va calando el mensaje de que comer carne no es necesario para llevar una buena alimentación. Tendemos a separar la carne y el pescado como dos productos completamente diferentes, aunque lo cierto es que aquello que se consume del pescado suele ser precisamente eso: su carne. Exactamente como ocurre con los animales terrestres, de los que viven en el agua no necesitamos nada.

Desde el punto de vista del veganismo, el mero hecho de que un animal sea capturado y que muera ahogado es motivo suficiente para que la pesca nos parezca una práctica poco ética. La sobreexplotación de acuíferos, muchos de ellos altamente contaminados, es una clara agresión al medio ambiente. Aunque hace tan solo unas décadas no parecía tan urgente, la situación actual de la flora y la fauna que allí convive es crítica.

La panga, la tilapia y la parca del Nilo comparten algunas características que hacen que su pesca sean un problema para el medio ambiente y también para las personas. Se trata de tres especies que se venden en todo el mundo por ser baratos a pesar del escaso interés nutricional que tienen para los omnívoros. La idea de que cualquier pescado nos aporta proteína en la dieta está muy extendida porque, en general, es cierto. Sin embargo, esto no ocurre con todas las variedades: estas tres, concretamente, tienen un aporte de proteínas ligeramente superior al del pan.

Por desgracia, estas tres especies se pescan en acuíferos muy degradados y contaminantes. En los tres casos, las poblaciones que viven de la pesca no pueden permitirse considerarlo. Los gobiernos, lejos de encarar el problema medioambiental que a la larga afectará gravemente también a la pesca, protegen los intereses del sector. Aducir que los beneficios económicos se sitúan por encima de los del planeta en el que vivimos significa, a la larga, perjudicar a nuestra propia especie.

La perca del Nilo es un pez de carne blanca, insípida y de precio asequible. La mayoría de sus compradores quizá no sepan de su lejana procedencia ni las implicaciones medioambientales y sociales que tiene su pesca. El caso de la panga es el mismo.

Como muchos otros animales, la perca fue introducida en un ecosistema que no era el suyo durante la década de 1950. Al ser un depredador, la perca ha acabado directa o indirectamente con al menos doscientas especies del lago Victoria, en Tanzania.

A pesar de las críticas, el documental *La pesadilla de Darwin*, nominado al Oscar en 2004 al mejor largometraje documental, nos mostraba una de esas realidades escondidas en el patio trasero de la pesca mundial. Una zona marginal y pobre que vive de la pesca, donde muchas personas no pueden siquiera permitirse consumir el pescado que hay en el lago Victoria. Al desaparecer la pesca de supervivencia, esos peces se pescan para convertirse en un producto barato en países muy lejanos, donde la variedad y el acceso a los alimentos se da por supuesto en un alto porcentaje de la población.

En el otro lado de la ecuación, los niveles de pobreza, a pesar de que la perca del Nilo es el motor económico de la zona, son muy elevados. La pesca solo ha sido beneficiosa para una parte concreta de la población. Aunque esa visión de la zona siempre ha sido criticada desde instancias gubernamentales por no mostrar la parte positiva, hay otra consideración a valorar: es posible que en menos de tres décadas, debido a la situación del ecosistema del lago Victoria, al alto crecimiento de las algas y a la explotación de la perca, ya no queden más animales que pescar.

Esta situación que combina sobreexplotación y pérdida de la diversidad —en la que se sobrepasa el límite ecológico, afectando directamente a la población— se repite en muchas partes del mundo. Si seguimos así, el resultado será el agotamiento total de los recursos del planeta en cada vez menos generaciones.

Sostenible, ecológico y ¿ético?

La pesca sostenible del atún rojo es uno de los mejores casos para explicar la diferencia que hay entre las prácticas sostenibles y las ecológicas y las opciones éticas de la perspectiva vegana. Una práctica más sostenible de pesca solo implica que esa especie es un recurso valioso y asegura que no se agote.

Las artes tradicionales de la pesca, como la almadraba (que se realiza en las aguas del Estrecho), siguen implicando un estrés terrible para los peces, que mueren ahogados exactamente igual que en la pesca de arrastre. Por supuesto, es siempre una mejor opción desde el punto de vista medioambiental: se capturan menos individuos, de una forma que no interfiere con otras especies directamente y tampoco se arrasa la flora del fondo. Con todo, no consiguen que su muerte sea menos cruel.

Ocurre lo mismo con la actividad cinegética, que es vista como una alternativa a la hora de mantener la fauna de un coto. El uso de la caza como medida para controlar la población de ciertos animales es defendida por muchos cazadores por contribuir a la sostenibilidad del ecosistema. Sin embargo, en los cotos de caza es la falta de depredadores la que hace inviable la cantidad de herbívoros que allí se encuentran. Además, muchos de esos animales se han criado en granjas y son liberados en el coto simplemente para que los cazadores los maten. Por lo tanto, no se puede comparar la actividad cinegética de un coto, donde todo está preparado para la caza, con la que se realiza fuera de ellos, aunque se utilice para ensalzar los beneficios.

La cosificación de estos animales, meros trofeos de caza, una distracción de fin de semana en la naturaleza, ha escondido la realidad de este deporte. Muchas especies animales, ante una situación de aniquilación, tienen más crías. En situaciones en las que un número elevado de individuos pongan en riesgo su propia subsistencia por la falta de alimento, hay otros métodos mucho más efectivos y menos violentos, como la esterilización. Esta se puede hacer de muchas formas diferentes. Sin ir más lejos, en muchas grandes ciudades ya existe la esterilización de las palomas a través del pienso. Ya no hace falta cazarlas y matarlas para controlar su población.

Incluso allí donde uno menos lo espera, nuestras acciones tienen consecuencias para los animales: las algas, aunque generalmente no son recomendables ni saludables, pueden convertirse en un recurso muy habitual en algunos tipos de dieta vegetal. Sin embargo, al comprar algas de marca eco, nos avisan de que pueden contener pequeños crustáceos. Estos animales quedan atrapados al criar las algas, también durante el proceso de secado. Exactamente lo mismo que ocurre con la agricultura, incluida la ecológica.

El fin de la vida en el mar

Los océanos son primordiales para la vida en la Tierra tal y como la conocemos, especialmente en la eliminación del dióxido de carbono. No nos engañemos con su aparente superficie cristalina, por puro egoísmo deberíamos tener mucho más cuidado en no acabar con absolutos desiertos de basura bajo el agua.

La inteligencia animal es una de las varas de medir a la hora de catalogar a los animales. Los grandes primates y los delfines son animales con una gran inteligencia, sobre todo si la inteligencia animal se mide con los criterios de la inteligencia humana. Eso no les libra, sin embargo, de la explotación, la captura para zoos y espectáculos o la caza.

Los animales que no disfrutan de ese estatus de animal de inteligencia admirable, a no ser que sean considerados mascotas, tienen un nivel de protección muy inferior. Los peces mueren ahogados (son los animales que más se cazan y se matan anualmente), mientras que los mamíferos nos resultan mucho más cercanos: vivimos en el mismo medio, están en nuestro entorno cercano y en nuestro imaginario.

Los animales marinos viven en un medio que nos es particularmente hostil. La pesca, especialmente en algunas zonas del mundo, puede resultar una práctica económica de alto riesgo, ya que los barcos se enfrentan a los elementos. A los animales marinos solo los conocemos en su medio en los documentales o los acuarios, una prisión de reducidas dimensiones para animales que necesitan una gran cantidad de espacio y entornos difícilmente reproducibles.

Si al mirar a un cerdo a los ojos podemos vernos a nosotros mismos, mirando a los ojos a un pez o a un pulpo, aun estando vivos (o «frescos», que dirían en la lonja), pocas personas reconocen a un igual. Esta diferenciación con los animales terrestres es muy clara cuando a los perros y gatos se les distinguen por su inteligencia, pero no a los pulpos. Los pulpos viven en guaridas y decoran sus entradas.

La carta de la inteligencia utilizada con los perros y otros animales para justificar que no están en la categoría de comida no se sostiene. Es un punto de vista que podía ser válido con antiguas técnicas de estudio de la vida animal, donde muchas veces se priorizaba demostrar el prejuicio.

Desde la ética animal que defiende el veganismo se rechaza este tipo de clasificaciones, según la utilidad o la inteligencia, para que los animales puedan tener unos u otros derechos. Todos los animales merecen la misma consideración, sin importar el beneficio que proporcione al ser humano o la inteligencia que tenga.

Diez formas de explotar animales
sin que te des cuenta

Está claro que es urgente que dejemos de explotar a los pollos, las gallinas, los cerdos y las vacas, además de otros muchos animales. Pero estamos tan acostumbrados a considerarlos como simples productos que parece que no haya nada malo en ello. Sin embargo, para llegar al «producto final», esos animales se explotan sin que la mayoría de personas que los consumen se den cuenta del terror que viven antes.

Aquí van los diez horrores que han hecho que muchas personas se hayan decidido por el veganismo:

1. **La sopa de aleta de tiburón**. Solo para darle consistencia a una sopa, los tiburones se pescan, luego se les corta la aleta y, finalmente, se les deja morir en el océano. Aunque haya gente a quien, por temerlos, no le importa su destino, los depredadores son necesarios para el equilibrio del ecosistema. Son unos de los animales vertebrados más antiguos de la Tierra y habían conseguido sobrevivir hasta hoy sin que nada amenazara su existencia.

2. **El foie gras.** Se trata de hígado de pato, engordado a la fuerza hasta provocar que el animal enferme. Los patos son alimentados mediante tubos o embudos y se les ve extremadamente enfermos en sus últimos días. Los detalles de su producción son tan crueles que ya está prohibido en algunas regiones del mundo.

3. **El caviar.** Esas bolitas negras que hay encima de algunos canapés son huevas de pescado. Provocar que una hembra de esturión desove tras vivir toda su vida cautiva, no es un destino muy alejado del que puede llegar a tener una gallina ponedora.

4. **El marisco.** Es costumbre culinaria que la langosta, como otros crustáceos, se hierva viva. Pero en algunos países ya está prohibido. Uno puede escuchar perfectamente cómo «grita»: los moluscos no se «quejan» de forma visible, pero sí se contraen ante el ácido del limón, no parece buena idea abrasarlos.

5. **Los abrigos de Astracán.** Se trata ni más ni menos de la piel de un cordero *karakul* recién nacido, muchas veces nonato. Es decir, para conseguir que su piel rizada sea lo más suave posible, se degolla a la oveja preñada y después al feto antes de desollarlos.

6. **El perfume caro, con almizcle o *musk*.** Uno de los productos animales más caros del mundo se usa como fijador de perfumes. Aunque ya se utilizan almizcles sintéticos o de origen vegetal, aún pueden encontrarse productos que contienen el proveniente del ciervo almizclero macho, especie ahora catalogada como vulnerable. Para obtenerlo, hay que

matar al animal y retirar toda la glándula. Su comercio está regulado, pero la caza furtiva sigue mermando la población cada año. También se usan otros animales, como las ratas, para obtenerlos.

7. **Las piruletas rojas.** Con forma de corazón y colorante E-120. El carmín, uno de los pigmentos rojos más populares, se consigue machacando cochinillas. Aunque actualmente hay muchas alternativas éticas, los insectos no suelen tenerse mucho en cuenta.

8. **La vajilla de porcelana de ceniza de hueso, también llamada Bone China.** No se distingue a simple vista, aunque el precio suele ser superior por considerarse un material noble. El uso de al menos un 30% de ceniza de hueso la hace más resistente, blanca y transparente.

9. **La medicina tradicional china, que emplea ácido ursodesoxicólico, es decir, bilis de oso.** Actualmente, hay granjas de osos en países como China o Vietnam encerrados en pequeñas jaulas, sin ningún tipo de libertad de movimiento. Para la extracción de su bilis, es habitual que al animal se le coloque un catéter en la vesícula y el estómago.

10. **Las golosinas con gelatina.** Altas en azúcar, con colores vibrantes y diferentes formas y sabores, la mayoría de golosinas llevan gelatina animal. Esta se consigue a partir de la transformación del colágeno del tejido conjuntivo, y de los huesos y cartílagos que han sido hervidos.

El (triste) destino final

No hay forma compasiva de quitarle la vida a un animal, a excepción de la eutanasia en casos de enfermedad. Peor que llevar al veterinario a un animal que sufre y no se puede recuperar para que sea dormido y pueda descansar no es, precisamente, lo que ocurre en un matadero.

Para empezar, el sacrificio de los animales depende mucho del país y de su legislación. En unos deben aturdir al animal antes (para que no sienta), y en otros será la carne de la fiesta popular de un pueblo, donde el animal se ha sacrificado en público, a la antigua usanza. Pueden ser degollados, abiertos en canal y desangrados en vida. Quizá no sea así en tu lugar de residencia, pero es lo habitual en un destino exótico de vacaciones.

Muchos países tienen una legislación específica que indica cómo tiene que ser el proceso, y eso hace que su muerte parezca más humana. Sin embargo, las investigaciones independientes por parte de organizaciones animalistas lo desmienten. Los animales aturdidos muchas veces se despiertan, otras ni siquiera se aturden, y en ocasiones, simplemente, no se sigue el proceso indicado. En un matadero el ritmo de producción es lo más importante, por encima del bienestar del animal.

El transporte no suele hacerse con garantías para la supervivencia de los animales que viajan, pero si van al matadero mucho menos. Acostumbran a viajar hacinados y en camiones, expuestos a los elementos meteorológicos, sin agua ni comida. Para muchos de ellos, será la primera vez que sientan el calor del sol o el viento.

Cuando llegan al matadero, oyen y huelen lo mismo que nosotros. Un animal herbívoro no estará tranquilo con el olor a sangre y a muerte porque sabe que allí ocurre algo malo. También oirá los gritos de otros animales. Y es que, aunque los aturdan, los animales saben adónde van, llegado el momento.

El miedo a la muerte de estos seres es real. Por eso en muchos mataderos hay animales guía: un animal de su misma especie que los lleva hacia el corredor, donde estarán en fila de uno esperando su turno. Al llegar a un sitio que no conocen, desorientados y asustados, confían en uno de los suyos esperando poder escapar o refugiarse. Cuando se dan cuenta de que están atrapados, ya es demasiado tarde.

El miedo al matadero o las ganas de vivir en mejores condiciones nos lo recuerdan las noticias y los vídeos de animales que han logrado escapar durante un traslado. En la mayoría de los casos, se sacrificarán igualmente, aunque en algunas ocasiones tienen la suerte de acabar en un santuario.

Animales desplazados

Según en qué zona del mundo nos encontremos, los animales desplazados por la actividad humana varían.

Los pueblos y las ciudades desalojan a la fauna. La contaminación, ya sea industrial o debida a la cría intensiva de ganado, también afecta a los animales, que deben desplazarse a entornos más saludables para su subsistencia. Desaparecen distintos tipos de roedores, pájaros que se quedan sin árboles o insectos que ya no tienen flores de las que alimentarse. Muchas aves, reptiles y peces que realizan migraciones en determinadas épocas del año (necesarias para su reproducción) se encuentran con graves problemas de supervivencia al perder esas zonas.

Los mamíferos más grandes, los depredadores, suelen verse desplazados junto con las especies que constituyen parte de su dieta. En infinitas situaciones se ha visto cómo una amenaza —atacan a animales de granja y, en ocasiones, hasta a humanos— y ha provocado enfrentamientos entre ganaderos y animalistas o ecologistas. La motivación económica de los ganaderos ha llegado al punto en que es habitual que la pérdida de muchos animales se atribuya a un depredador en las zonas en las que la administración local se hace cargo del coste.

Otros animales —como los topos, las ardillas, las ratas o los conejos— pierden su espacio natural debido a las actividades del sector primario y «se mudan» a campos dedicados a la agricultura. Las plagas a las que se refieren los agricultores no son más que animales luchando por su supervivencia. Algunas prácticas de agricultura ecológica, y especialmente de permacultura, minimizan estos daños.

Algunos animales, como las ratas, que en su momento empezaron a seguir a los asentamientos humanos, se desplazaron a los poblados y posteriormente a las ciudades en busca de comida. La suciedad y las enfermedades que transmiten se deben a la coexistencia con los humanos y a los entornos sucios y degradados en los que viven.

Cosas sencillas que hacer por los animales en nuestro día a día

- Pon un cuenco con agua en la ventana en los días de calor: los pájaros en la ciudad tienen pocas opciones para beber en verano.
- Planta flores para las abejas: escoge plantas locales o tradicionales como petunias, amapolas, margaritas, claveles, geranios, rosas o caléndulas.
- Corta las anillas de los tapones de las botellas de plástico para que ningún animal pueda quedarse enganchado.
- Usa pajitas de metal, cristal o silicona, en lugar de plástico de usar y tirar.
- Dale unos golpes al capó del coche y usa la bocina antes de arrancar en los días fríos de invierno por si un gato se cobija en el motor.

Un planeta más verde

Pese a la evidente sobreexplotación de los mares y los suelos, la deforestación y la contaminación, el consumo de carne crece. Si no hacemos nada por remediarlo, será imposible seguir con este ritmo y provocaremos el colapso del planeta.

La falta global de interés por la destrucción de los ecosistemas naturales ya ha llevado a que muchas zonas hayan rebasado el límite ecológico. Esta situación puede provocar, en menos tiempo del previsto, que los productos animales de todo tipo, especialmente la carne y el pescado, sean inaccesibles.

Cada vez que llegan imágenes de la Tierra captadas desde el espacio, el planeta es menos verde, los casquetes polares son más pequeños y la polución, más evidente. La pérdida de masa forestal de las últimas décadas, los agujeros en la capa de ozono o el deshielo de los polos son visibles a distancia y apreciables en el día a día.

El planeta necesita recuperar los bosques y las selvas, el agua limpia de los ríos sin tóxicos, los suelos sin contaminar y unos océanos llenos de vida. Uno de los objetivos más importantes del veganismo, a pesar de no ser el principal, es que la Tierra vuelva a ser un planeta habitable y viable para todos los seres vivos que vivimos en él.

> Las dietas vegetales nos ayudan a luchar
> contra el cambio climático.

Disminuye tu huella ecológica

En 2018, nada más empezar el mes de agosto, los humanos ya habíamos acabado con todos los recursos planetarios previstos para ese año. Nuestro planeta tiene recursos finitos y su agotamiento puede llevarlo al colapso. Cada año somos más personas poblando la Tierra y parece que no hay solución.

Sin embargo, uno de los beneficios del veganismo es precisamente que disminuye nuestra huella ecológica. Como consumidores, y como sociedad, deberíamos empezar a focalizar en el decrecimiento y el consumo responsable. El veganismo responsable hará que nuestra huella ecológica sea lo suficientemente pequeña como para que nuestros hábitos de consumo no supongan un problema planetario.

¿Qué es la huella ecológica?

Llamamos huella ecológica al total de superficie ecológicamente productiva necesaria para producir los recursos consumidos por persona de una comunidad humana (tanto alimentarios como energéticos como de otros tipo), y la necesaria para absorber los residuos que genera. Esas superficies pueden estar situadas en cualquier parte y tienen una biocapacidad calculada. Esto implica que podemos estar consumiendo recursos o enviando desperdicios a cualquier punto del planeta. La huella ecológica se mide a través de la ética del uso que hagamos.

Si calculas tu huella ecológica, podrás saber cuántos planetas serían necesarios para cumplir la demanda de consumo de toda la población humana tomándote a ti mismo como humano promedio. ¿Lo has probado ya? Lo puedes calcular online, seguro que te sorprende.

En muchos de los tests para calcular la huella ecológica, te preguntarán qué tipo de alimentación llevas. La huella de carbono de la producción ganadera es mucho más elevada que la de cualquier alimento vegetal. Por lo tanto, al dejar de consumir carne, especialmente la bovina, y los derivados lácteos, nuestra huella de carbono baja.

Si ya eres vegetariano o vegano, cuidado con apuntar este punto muy rápido. Si bien es cierto que la industria de la ganadería es altamente contaminante (como mínimo, en el top 5 porque los puestos varían según quién haga el ranking), algunos alimentos vegetales también tienen una huella de carbono muy elevada. Consumir productos locales hace que nuestra huella de carbono descienda estrepitosamente.

En términos generales, es importante reducir nuestro consumo. Las fibras de nuestra ropa están contaminando los océanos. También cuenta la huella ecológica de cada camiseta barata que nos ponemos tres veces y desechamos enseguida. Son recursos que estamos malbaratando.

Esos recursos implican seres vivos: desde el algodón que se ha utilizado para fabricar unos pantalones al ternero que fue sacrificado para acabar convirtiéndose en un bistec que se ha pasado y ha acabado en la basura. También la oveja de vida triste y miserable a la que se esquiló para ese jersey barato (que solo te dura unos meses y que acabas tirando) se ve implicada en este círculo de consumo.

Dentro de la huella ecológica, el consumo de recursos alimentarios es otro de los puntos a tener en cuenta.

La huella hídrica también importa

En la actualidad, una de las grandes preocupaciones a nivel mundial es la disponibilidad de agua potable para todos los habitantes del planeta. El agua potable es un recurso finito, cada vez hay menos, pero, al mismo tiempo, la población humana no deja de crecer. Por ello, la huella hídrica se ha convertido en un factor muy importante para la vida, de forma independiente a la huella ecológica.

Seamos o no personas veganas, la huella hídrica que dejamos debería preocuparnos, ya que en un futuro muy próximo será un recurso muy preciado y podemos quedarnos sin él. Actualmente desperdiciamos agua potable para limpiar el piso, ducharnos e incluso llenar la cisterna del baño.

Hace años que se realizan campañas para reducir el gasto de agua, incluso no potable: no poner la lavadora con pocas prendas; ducharnos en vez de bañarnos; cerrar el grifo mientras nos enjabonamos o nos cepillamos los dientes; no dejar correr el agua de ningún grifo mientras hacemos otras tareas.

Lo que tal vez mucha gente no sabe es que nuestras elecciones alimentarias también implican una mayor o menor huella hídrica. Los animales que se crían para el consumo humano también necesitan agua potable. En los países en los que las explotaciones ganaderas intensivas son un motor económico, supone una cantidad de agua potable considerable. Por un lado, se utiliza agua (sin potabilizar, pero que podría potabilizarse) para regar los campos de lo que se convertirá en pienso para animales. Todo ese alimento, habitualmente cereales o soja, que no se destina a consumo humano, sirve para el engorde ganadero. Y después hay que dar de beber al ganado, que necesita agua para vivir exactamente igual que nosotros...

La huella hídrica de los alimentos

1 tomate	13 litros de agua
1 patata	25 litros
1 naranja	50 litros
1 vaso de cerveza	75 litros
1 huevo	135 litros
1 taza de café	140 litros
1 vaso de leche	200 litros
1 hamburguesa con carne y vegetales	2.400 litros
1 bistec de ternera	7.000 litros

Fuente: FAO

Hoy en día, no tenemos datos de la huella hídrica de las dietas de consenso, como la mediterránea, ni tampoco una comparativa fiable con la vegetariana o vegana. Lo que sí sabemos es que las dietas basadas en productos animales tienen una huella hídrica superior y que el consumo de carne por persona en países como China no deja de crecer.

Con tantos veganos se deforestaría el planeta

Uno de los grandes problemas medioambientales, relacionados directamente con el cambio climático, es la deforestación. La pérdida de las masas forestales, de las selvas y los bosques, que convierten el dióxido de carbono que produce el efecto invernadero en oxígeno, es una preocupación de primer orden. Además, la pérdida de flora autóctona también crea otros inconvenientes: desaparición de la fauna asociada, que necesita esos árboles y esas plantas para subsistir, y la erosión del suelo, que puede favorecer la temida desertización. Aunque no se ven, las raíces no solamente sirven para alimentar, también retienen la tierra en el caso de lluvia torrencial.

Sin embargo, nada de eso ocurre cuando las tierras pasan a ser de cultivo, en especial si se trata de cultivos intensivos y de variedades que son muy demandantes y dejan el suelo agotado.

El planeta ya está sufriendo un proceso intenso de deforestación a causa de la acción del hombre, especialmente de la agricultura, y en algunas zonas ya es evidente la desertización. Por lo tanto, mantener las grandes masas forestales y planificar el decrecimiento de la agricultura intensiva es una de las medidas para revertir la situación actual.

Hay quien piensa que el crecimiento del veganismo necesitaría más cultivos. Sin embargo, provocaría todo lo contrario: un descenso en la producción ganadera, derivado de la reducción de la demanda de productos de origen animal, que son los que están consumiendo masivamente los monocultivos más importantes.

La regla de las tres R de la ecología

1. Reducir
2. Reutilizar
3. Reciclar

Comida que contamina

Exactamente como el resto, los animales de granja no dejan de tener funciones fisiológicas normales, pero ¿qué ocurre con las emisiones de toda esa masa de animales enjaulados?

La huella de carbono

Emisiones anuales de dióxido de carbono
en toneladas métricas

5.500 millones	5.400 millones
Vacas	Estados Unidos, Rusia
	Alemania, China,
	Reino Unido, Japón, Francia,
	Ucrania, Canadá, India

Una de las problemáticas medioambientales derivadas de tener un número creciente de animales estabulados es cómo gestionar las emisiones de dióxido de carbono que generan. La otra, la gestión de los purines.

Los purines son residuos orgánicos, tanto de origen vegetal como animal. Aguas residuales, semillas, animales muertos o excrementos; históricamente los purines se han utilizado para abonar la tierra. En otras épocas, antes de la industrialización de la ganadería, la relación entre el número de animales y las tierras cultivadas era muy inferior a la actual. Ahora, sin embargo, unas pequeñas zonas concretas soportan una población animal exagerada, que produce una cantidad de residuos muy superior a la que se puede gestionar. No parece un problema acuciante porque estos animales viven hacinados en recintos muy pequeños, estructuras de hormigón que podemos ver desde la carretera, a lo lejos, y que no nos llamarían la atención si no fuera por el hedor que emiten.

Actualmente, la acumulación de ganado sí es un grave problema de contaminación. ¿Os imagináis un país con más cerdos que personas, aunque nunca veas un cerdo en las ciudades o los pueblos? Ese país existe, y se llama España.

Esta contaminación por purines no se está gestionando de la forma adecuada, de modo que los residuos afectan tanto al suelo como a los acuíferos y a las aguas freáticas. El envenenamiento del agua por la contaminación es de tal gravedad que hay poblaciones enteras que se ven afectadas. El beneficio económico derivado de la contaminación hace que las administraciones y los vecinos afectados no levanten la voz por miedo a perder su principal fuente de ingresos. Estas regiones pueden llegar a un nivel de contaminación que, día a día, las haga irrecuperables durante un tiempo indeterminado. La situación de la fauna y la flora autóctona, amenazada por este veneno, ni siquiera está contemplada.

El cuero, ni ético ni sostenible

Con el cuero, la piel, el pelo y la lana, pasa algo muy similar a lo que ocurre en la alimentación con los huevos y la leche. En este último caso, la impresión de que el proceso para conseguir el producto no implica la muerte de estos animales lo hace más tolerable que la carne. Si bien sabemos que no muere la vaca que se ordeña o la gallina ponedora, sí lo hacen sus terneros y polluelos, respectivamente.

La piel de un animal puede parecer un aprovechamiento de recursos. Me explico: es habitual pensar que, una vez muerto el animal, es mejor no «tirar nada». ¡Ojalá las dos industrias, la de la carne y la de la moda, estuvieran alineadas en este tema...!

Es cierto que hay ocasiones en que la piel de animal se consigue de esta forma. Pero cuando se hacen los despieces, esta no se retira entera y, no obstante, para una parte importante de la industria del calzado y la confección, las pieles completas se consideran «de mayor calidad».

Los animales de la industria ganadera que son criados por su carne son engordados para que adquieran peso en el menor tiempo posible. Sin embargo, la cantidad de carne de los animales criados por su piel o de los que no se necesitan pieles enteras es indiferente: no hay necesidad de que estén perfectamente alimentados.

Además, a diferencia de la carne, es muy difícil distinguir productos hechos de cuero de un animal u otro. Es imposible saber si se trata de piel de una vaca criada para carne o de una granja peletera de perros y gatos. Estas últimas son muy habituales en algunos países, donde los perros y los gatos son vistos como los cerdos y las vacas en la cultura occidental: simples recursos productivos.

Es por ello por lo que la piel, en casi todas las variantes, difícilmente se puede etiquetar como ecológica. En el caso del cuero, además, el proceso más utilizado para encurtirlo es altamente contaminante.

Una crítica habitual a muchos productos aptos para veganos es que son menos ecológicos que los materiales tradicionales como la lana y el cuero. Si bien es verdad que hay algunos aptos para veganos que también son contaminantes, la solución no pasa por volver a los de origen animal, sino por la innovación. La creación de nuevos materiales o la mejor gestión medioambiental de los cultivos vegetales, como el algodón o el cáñamo, deberían ser el camino a seguir. Los materiales elaborados a partir de desechos, ya sean plásticos o vegetales (como la piel de piña), son una realidad: ¡saquémosle partido!

La isla de basura

El plástico y los residuos que no se ven, ya sea porque están en vertederos de países lejanos o en alta mar, son una grave amenaza para todos los animales.

El plástico ha pasado de hacernos la vida más fácil a ser un problema mundial de primer orden. Quizá toda la basura que se acumula en los países del primer mundo no se vea, pero eso es porque se vende a otros países más pobres para que la procesen o la quemen.

La contaminación ambiental por dióxido de carbono

tiene unas cuotas, y muchos gobiernos en lugar de reducir la contaminación que producen optan por comprar parte de la cuota de otros países. Los países en vías de desarrollo, con menos industria, producen menos emisiones y son los que acaban quemando los residuos de los países ricos.

El uso del plástico se ha extendido tanto en menos de un siglo, y tarda tanto en degradarse, que ahora mismo ya podemos encontrar una isla hecha de plástico en el océano Pacífico, que, por sus dimensiones, es mucho mayor que, por ejemplo, Perú o Francia y España juntos. Son ya más de 80.000 toneladas métricas de residuos, pero el problema no se queda ahí: la mayor parte no son las grandes cantidades de envases de detergentes o botellas de refrescos, sino algo mucho más peligroso: los microplásticos.

Los microplásticos no solo contaminan la superficie de los mares, también son tóxicos para la flora y la fauna marina. Esto, a pesar de su problemática, no tiene el mismo impacto visual que las anillas de plástico que se quedan atoradas en los picos de las aves, las bocas de los peces o los caparazones de las tortugas.

La trampa de los biodegrables

Muchas personas han interiorizado que la palabra «biodegradable» es positiva, y por eso la industria está abusando de ella. Nosotros nos sentimos mejor si un envase o un producto es biodegradable, pero nadie nos explica en qué condiciones o en cuánto tiempo va a biodegradarse. En nuestra cabeza, un producto biodegradable es como una manzana en el campo, algo que en poco tiempo acaba por desintegrarse y se convierte en abono. Sin embargo, la realidad es muy diferente.

Biodegradación en los océanos

Producto	Tiempo en biodegradarse
Manzana	2 meses
Madera	1-3 años
Colillas	1-5 años
Latas	10-50 años
Bolsas de plástico	100-1.000 años
Botellas de plástico	400 años
Compresas y pañales desechables	500 años
Hilo de pescar	600 años
Botellas de vidrio	Nunca
Redes de pesca	Nunca

Las redes de pesca no son biodegradables y se estima que concentran más del 40% del plástico que hay actualmente en los océanos. Además, las redes y el resto de artilugios de pesca abandonados o perdidos son los causantes de la pesca fantasma. Peces, tortugas y otros animales acuáticos mueren atrapados en ellos por la desidia humana. Así, además del reciclaje, eliminar el pescado de la dieta pasa a ser la acción número uno para la protección de toda la vida marina.

El movimiento zero waste

La conciencia en torno a la contaminación producida por los residuos que se generan en el medio doméstico ha sido el germen del movimiento *zero waste*.

Se trata de reducir completamente el consumo de productos con envases, plásticos y materiales que no sean biodegradables en un corto espacio de tiempo. Para ello, los productos deben ser, dentro de lo posible, biodegradables, o al menos reutilizables.

Como ya hemos visto, algunos materiales biodegradables se desintegran en un plazo mucho mayor que nuestra propia esperanza de vida: quedarán como herencia para las futuras generaciones. El veganismo medioambiental tiene fuertes conexiones con este movimiento, ya que la eliminación de consumo de productos de origen animal también reduce la huella ecológica en el apartado de residuos. Por lo tanto, aunque no se pueda seguir el *zero waste* a rajatabla, es recomendable plantearse algunas acciones sencillas que pueden ser incorporadas en el día a día para aportar nuestro pequeño granito de arena:

- No tirar comida.
- Tener una botella de metal, vidrio u otro material reutilizable, para evitar la compra reiterada de botellas de plástico de un solo uso.
- Ir a la compra con un cesto de mimbre o bolsa de tela.
- Guardar una bolsa de tela fácil de plegar en el bolso para compras ocasionales.
- Utilizar bolsas de malla para la compra a granel, evitando las bolsas de plástico.

- Utilizar cepillos de dientes de bambú.
- Preparar leches vegetales caseras.
- Aprender recetas sencillas para hacerlas en casa, como el hummus o el guacamole, que en el súper se venden envasados en plástico.
- Utilizar productos de limpieza caseros y naturales, o convencionales comprados a granel.

El primer punto es vital. Ya hemos visto la cantidad de recursos necesarios para producir desde una manzana a un bistec, y la contaminación que implica su producción, envasado y transporte. Además, se tiran millones de toneladas de alimentos que no cumplen los requisitos de los compradores, como las frutas o las hortalizas «feas» o que no alcanzan una determinada medida.

Lo mismo ocurre en el ámbito doméstico: un tercio de la comida que compramos acaba en la basura. Por muy barato que sea el producto que tiramos, el coste para el planeta es altísimo. Esto supone que una cantidad enorme de los animales de granja que llegan al matadero después de una vida de miseria mueren por nada. El fondo marino arrasado con pescas de arrastre termina en un pescado ya limpio y envasado que va a la basura.

Esta situación no es solo culpa de los consumidores. A la industria no le importa que se malgaste la comida porque solo interesa el beneficio de la venta, y las administraciones no se han dado cuenta de la importancia que tiene el desperdicio de comida hasta hace muy poco. Vivir bien, en el imaginario colectivo, era sinónimo de abundancia, el banquete: una mesa llena de comida inacabable.

Es innegable que los recursos que hasta hace pocas décadas nos parecían infinitos, como el agua o la tierra cultivable, se agotan. También se agota el mar y el aire limpios. Podremos esforzarnos en reducir lo máximo posible el consumo y en no desperdiciar nada pero, en cualquier caso, son necesarias medidas y políticas destinadas al decrecimiento tanto de la producción como del consumo.

Los beneficios para las personas

Otra de las acusaciones reiteradas contra el veganismo es que a los veganos les importan más los animales que las personas. Por supuesto que puede haber a quienes les interese más ayudar a los animales que al resto de seres humanos. Es inevitable que haya personas que piensen así cuando su tránsito al veganismo surge del impacto de descubrir el maltrato animal.

Sin embargo, no es verdad que todas las personas veganas no se preocupen por la humanidad: el veganismo plantea muchas soluciones a nuestros problemas, aunque en algunos casos sean a largo plazo.

La normalización del consumo de productos de origen animal, disponibles y a buen precio en los países desarrollados, tiene consecuencias para una gran parte de la población mundial. No solo se desplaza y asesina a los orangutanes de Borneo para conseguir aceite de palma, también se ha expulsado a los pueblos indígenas para explotar las tierras que ocupaban.

Los orangutanes no tienen voz propia ni herramientas para luchar contra las excavadoras. Las personas que piensan que los derechos de las personas pasan por encima de los de los animales, pero no por encima de los de otras personas, deben recordar que las poblaciones desplazadas por las multinacionales que explotan sus tierras ancestrales tampoco han sido escuchadas.

Las luchas indígenas por la preservación de los ecosistemas donde viven lleva décadas siendo una discusión que sigue sin resolverse. Las comunidades nativas de estas zonas, a pesar de ocuparlas desde tiempos inmemoriales, pierden sus derechos en favor de las grandes corporaciones. Actualmente, muchos de estos pueblos están siendo desplazados con violencia para la obtención de combustible, como sucede en América del Norte, o de tierras para el cultivo de cereales, como es el caso de Suramérica.

Si la demanda de ganado decreciera, ya fuera por falta de consumo o porque los gobiernos se comprometieran a limitarla, la necesidad de seguir deforestando bosques y selvas desaparecería y los indígenas podrían quedarse en sus tierras. Ellos serían sin duda los más beneficiados, pero toda la humanidad necesita que esas masas de vegetación se conserven para seguir respirando aire puro.

Evitar la deforestación del planeta debería de ser una de las prioridades de todas las agencias, gobiernos y administraciones del mundo.

Menos animales, menos tierras de cultivo

La creencia de que los recursos terrestres son inagotables es uno de los motivos que nos han llevado hasta la situación actual. El agotamiento de las tierras de cultivo debido a la sobreexplotación afecta también a las personas que viven de la agricultura. Algunos cultivos son especialmente agresivos con el suelo y su monocultivo perjudica sobre todo a los pequeños agricultores. El desgaste del suelo por el cultivo de cereales como la soja —que no pretende acabar con el hambre sino alimentar ganado— es un problema para las poblaciones que viven de él. No porque sea más agresivo que el maíz, sino por la falta de rotación con otros cultivos.

En el caso de que se trate de soja transgénica de la empresa Monsanto, el problema para estos agricultores es aún más grave. Las semillas no se pueden guardar de un año para otro, como se hacía tradicionalmente, sino hay que comprarlas para cada siembra. El uso del glifosato, que en Europa se prohibirá definitivamente en 2022, ha resultado ser muy contaminante pese a ser utilizado desde hace tanto tiempo. Monsanto vendía las semillas y el fertilizante bajo la misma denominación: RoundUp.

En muchos países las cabezas de ganado aumentan sin parar por la alta demanda y suelen concentrarse en unas pocas regiones. Muchas veces son animales que tradicionalmente se habían criado para el consumo y con los que también se comerciaba, solo que ahora prácticamente toda la producción se destina a la exportación. En muchas de estas zonas el sector agrícola tiene un gran peso, pero se enfrenta al envenenamiento por contaminación de purines del suelo y del agua.

Mientras que esto ocurra, las iniciativas agrícolas que buscan ser más sostenibles y éticas no podrán competir con el sector agrícola intensivo, que resuelve estas situaciones con medidas a corto plazo.

Las abejas y nuestro futuro

Las abejas no han suscitado un debate global, al menos hasta hace unos años, cuando se decidía si la miel era o no era apta. Normalmente, estos debates se inician porque no se tienen claros los procesos de producción, en este caso el de la miel, pero ahora la imagen bucólica del campo y los apicultores han dejado paso, con los años e internet, a numerosos vídeos en que se ve el maltrato de las colmenas.

El acceso a la información permite que se conozca cómo funciona la industria de la miel, tan alejada de la forma de recolección tradicional (al igual que la pesca de supervivencia lo está de las piscifactorías).

El problema es el siguiente: la miel es una fuente de energía importante para la colmena de la que actualmente se retira, en colmenas de protección agrícola, el sobrante de producción. No obstante, en la producción de miel comercial, lo que ocurre es que se les roba toda la producción, ofreciéndoles un sustituto pobre en nutrientes para que continúen con su actividad. Los métodos de obtención de la miel de las grandes multinacionales tampoco son los más cuidadosos y la muerte de algunos individuos entra dentro de las previsiones.

Si las abejas han transcendido más allá de la preocupación del animalismo por su bienestar ha sido porque son clave para la polinización de multitud de plantas y especies vegetales (y por lo tanto, para nuestra supervivencia), y están desapareciendo.

La muerte de las abejas —debido en gran parte a la acción del hombre al modificar cultivos, eliminar la biodiversidad y utilizar químicos que les son tóxicos— nos afecta a todos los seres vivos de la Tierra. Muchas especies vegetales no pueden reproducirse con la misma facilidad de antes; los animales que se alimentan de frutos, hojas y vegetales que necesitan las abejas para existir mermarán en número o se extinguirán. Básicamente, sin ellas, el hambre en el mundo puede crecer exponencialmente hasta sumirnos en una crisis económica, ecológica y humanitaria nunca vista.

Acabar con el hambre en el mundo

En el año 2008 se volvió a tocar techo con el número de personas que pasan hambre en el mundo y nada apunta a que los números hayan mejorado ni lo vayan a hacer en los próximos años. La urgencia es cada vez mayor y, aunque los esfuerzos claramente no están yendo en la dirección correcta, no es por falta de propuestas.

La FAO es, sin duda, la organización que más apuesta por una alimentación vegetal para acabar con el hambre a nivel mundial. Sus propuestas se basan siempre en la justicia social y la sostenibilidad y difícilmente se les puede tachar de «radicales». Aunque también apoyan actividades como la pesca o la ganadería, numerosos estudios muestran cómo la proteína vegetal está llamada a acabar con el hambre.

Cuando se hablaba de las proteínas del futuro, los medios de comunicación se centraron en una de las varias soluciones propuestas: los insectos. De momento, las granjas de insectos no son fáciles de encontrar y su posible impacto global se desconoce, pero ya se están introduciendo en regiones y países que no los tienen incorporados en su cultura gastronómica. Para muchos, se trata de una nueva actividad económica: la posibilidad de poder comprar *snacks* a base de insectos en algunos supermercados de Europa ya es una realidad.

La otra recomendación, mucho menos susceptible de ser compartida en redes sociales y abrir debate en programas de televisión, era aprovechar los beneficios de las legumbres.

Tanto la FAO y la ONU como el resto de las organizaciones internacionales que tienen que ver con la nutrición, ponen un gran énfasis en el consumo de variedades autóctonas y en la producción regional, mientras que, si no son posibles, proponen aquellas que pueden ser adaptadas a las condiciones de las tierras de cultivo.

Al mismo tiempo, esas soluciones deben encajar con los gustos de las personas que tendrán acceso a esos alimentos. En el pasado se cometió el error de obviar la cultura gastronómica de muchas poblaciones que necesitaban alimento, enviando aquello que en los países más desarrollados se creía conveniente, sin importar las necesidades locales reales. No se trata de un capricho: algunos alimentos tardan tiempo en ser aceptados por una cultura; otros es posible que sean rechazados o ignorados.

Por todo ello, a pesar de que la noticia de los insectos sea muy jugosa para los medios, la medida más interesante que se está valorando para muchos países —y para el veganismo en particular— es poner el foco en las legumbres.

Denostadas durante mucho tiempo, han sido la base

proteica de muchas personas que no podían permitirse comer carne. Por el hecho de ser más baratas y accesibles, en muchos lugares se han visto como un recurso de menor calidad que la carne y el pescado, como ocurrió con el pan integral, desplazado por el pan blanco de harina refinada. Poder comer carne cada día, incluso en todas las comidas y no solo en ocasiones especiales y festividades, demostraba una posición social «holgada». Incluso para muchas personas que criaban ganado, era mejor opción venderlo que consumirlo. Es algo que en realidad sigue sucediendo hoy, pero que en muchos lugares no somos capaces de ver.

Igual que la dieta occidental ha desplazado a las dietas autóctonas de distintas zonas del mundo, el consumo de carne diario se ha normalizado desplazando a las legumbres. Sin embargo, ahora sabemos que lo que necesitamos son aminoácidos esenciales y que las legumbres también pueden proporcionárnoslos, incluso algunas de forma completa.

Diversos estudios han demostrado que es mucho más eficiente el consumo de legumbres para obtener proteínas que la cría de ganado de cualquier tipo; de ahí la recomendación de la FAO. No solo por el ahorro en recursos, ya sea en agua o en energía, sino porque producen mucha menos contaminación. También por la gran variedad de legumbres que existe y porque es una enorme ventaja que puedan ser plantadas en tierras y climas muy diferentes.

Además, su uso habitual en multitud de platos de todo el mundo las hace ideales para ser consumidas en abundancia sin necesidad de un cambio brusco de las costumbres de cada región.

Finalmente, hay que añadir que las legumbres tienen muchos más beneficios para la salud que los que proporcionan las carnes rojas o los procesados a base de cárnicos.

El 2013 fue declarado el Año Internacional de la Quinoa, como reconocimiento a la preservación de este pseudocereal por parte de las poblaciones indígenas de los Andes. A raíz de esta iniciativa se proponía la quinoa como alimento para paliar el hambre en gran parte del mundo.

Lo cierto es que hay muchas variedades de quinoa, además de las comerciales. Algunas de ellas son viables en territorios con un clima distinto del de la quinoa andina, lo que permite no recurrir al expolio de una zona para obtenerla. Y es que este tipo de promoción de un alimento saludable no debería implicar que, para poder consumirlo, haya que explotar una zona agrícola concreta y exportarlo, que es justo lo que está pasando con la quinoa ahora mismo porque se ha puesto de moda como alimento *healthy*.

Cuando pasa esto, el precio sube con la demanda y un alimento de primera necesidad asequible se convierte en inaccesible: pasa de ser un cultivo de supervivencia a ser un cultivo de grandes terratenientes y corporaciones. Las modas alimentarias socavan la seguridad alimentaria.

El veganismo no debería participar en este tipo de presión económica sobre los alimentos, pero también lo hace. Cuando un cultivo pasa a ser muy rentable porque es demandado en países ricos que no pueden producirlo en grandes cantidades, no solo se corre el riesgo de que se desplace a la población de la zona y esta pierda sus tierras, sino que además se produzca la deforestación y el desplazamiento de la fauna autóctona.

Al aguacate lo llaman «el oro verde» y, como con el metal, la fiebre de este oro está causando estragos en México. Los cultivos furtivos son una realidad y el precio se ha disparado de forma espectacular. ¿Es necesario comer aguacate en una dieta vegana?

Consumir alimentos de países muy lejanos contribuye a que haya menos justicia social y más contaminación, pero, además, compromete el hábitat de los animales que viven en la zona de cultivo. Debemos, pues, apostar por cultivos responsables.

La adaptación del entorno rural

Muchas personas pacifistas exigen en sus países que se acabe con la fabricación y el comercio de armas. Hay una gran cantidad de personas que dependen del sector armamentístico, pues es una muy importante fuente de ingresos para los estados y, además, genera muchos puestos de trabajo.

Por la misma razón, la industria ganadera tampoco dejará de existir de un día para otro. Para conseguir ayudas y presionar a las administraciones, una de sus grandes bazas es precisamente la cantidad de personas que perderían sus puestos de trabajo si desapareciera.

Cuando hay una negativa específica, como ocurre con los países que prohíben la cría de animales destinada a la obtención de pieles, es más sencillo que esas granjas simplemente cambien a otro tipo de cría. Sin embargo, si un país entero prohibiese la producción láctea, la situación sería muy diferente.

No todas las personas veganas tenemos la capacidad de dar soluciones a las problemáticas que podrían surgir de la aplicación del veganismo en un mundo carnista. Sin embargo, es necesario que desde el veganismo se articulen estrategias que den respuesta a las cuestiones negativas que pueden derivar de un cambio de modelo productivo a otro. La defensa de los puestos de trabajo debe ir más allá de las valoraciones éticas. Cuando se pone en riesgo la supervivencia de las personas, las prioridades cambian y necesitamos respuestas flexibles.

Algunos casos pueden ser muy sencillos de resolver y son normalmente las propias empresas quienes gestionan el cambio. Ya hay grandes compañías que se adaptan a los nuevos hábitos de consumo. Los gigantes lácteos se están especializando en variedades vegetales y muchas cárnicas empiezan a ofrecer alternativas vegetarianas.

En otros casos, ni siquiera es posible una reconversión sectorial. Si esto es algo complejo en una industria tan poco apreciada como la de las armas, hay que entender que en la alimentaria sea aún más difícil.

Se trata de actividades que nos han acompañado durante siglos, pilares básicos de muchas culturas. La destrucción de puestos de trabajo es una barrera importante a la hora de promocionar el veganismo en entornos rurales. La amenaza que supone el veganismo en este caso va mucho más allá de perder el trabajo: es el fin de un estilo de vida.

No será la primera vez en la historia de la humanidad en la que un oficio o una actividad desaparezca. No hace tanto tiempo, había gente que se dedicaba a realizar cálculos matemáticos de forma manual, que ahora se resuelven con computadoras. Las máquinas han reemplazado a las personas en infinidad de tareas. Si se deja de producir carne, lácteos huevos y derivados, también decrecerán los puestos de trabajo agrícolas. Por ello, quizá sea el momento de que haya más personas dedicadas al cuidado de la conservación de los hábitats naturales.

Tu salud también se beneficia

Desde el punto de vista de la ética que defiende el veganismo y el antiespecismo, los beneficios que podemos obtener del cambio son secundarios, pero sin duda una herramienta muy potente para, a nivel psíquico, mantener la coherencia entre aquello que pensamos y nuestros actos; además, nos ayuda a sentirnos bien físicamente.

La simple reducción de carne en la dieta ya supone un provecho: la OMS ha indicado que el consumo excesivo de carne roja puede ser peligroso, por lo que su eliminación es una gran ventaja.

Algunos estudios han mostrado los beneficios de las dietas vegetarianas en comparación con las dietas convencionales omnívoras sobre la obesidad, el cáncer, el Parkinson, la hipertensión arterial, la diabetes *mellitus* tipo 2 y los cálculos renales. En algunas patologías, los posibles beneficios teóricos se han podido constatar en la práctica; es el caso de la diabetes, la obesidad o el riesgo cardiovascular. Sin embargo, con el Parkinson y la artritis reumatoide no hay estudios concluyentes.

En algunas enfermedades como la diabetes, las dietas

vegetales se han mostrado igual de efectivas que las pautas específicas. El hecho de que actualmente no se estén utilizando como la potente herramienta que son para la prevención y la mejora de ciertas enfermedades, a pesar de la evidencia científica, se debe a razones culturales.

Cuando se trata de dietas saludables vegetales, los beneficios se deben también a la variedad en las verduras, frutas y legumbres de los menús. Actualmente, la ingesta de alimentos que están relacionados directamente con la mejora de la salud, desplazados por otros más accesibles, suele ser muy elevada.

No obstante, el déficit de vitamina B_{12} tanto en personas vegetarianas como veganas hace que muchos facultativos la consideren incompleta, incluso algunos profesionales de la salud. La necesidad de tomarla en suplemento (pese a tratarse de una cuestión ética y tener la carencia una solución sencilla y económica) sigue siendo el gran escollo para dar el paso a las dietas vegetales. Pero lo cierto es que la B_{12} no solo se suplementa en personas veganas o con problemas de absorción, también de forma directa o indirecta en el ganado. No es una «vitamina de la carne», sino que se trata de un producto de ciertas bacterias, que es de donde se obtiene para elaborar los suplementos. Las bacterias del suelo son las encargadas de proporcionar B_{12} al ganado, y, sin embargo, lo que ahora consume la mayoría de los animales de cría son piensos. En el caso de los animales que pastan, la tierra suele estar agotada y no hay bacterias de las que se obtiene la vitamina.

La suplementación es un gran avance de la farmacéutica. Nos ayuda cuando hay una carencia importante, y no solo con la B_{12} también con otras vitaminas, como la D. Es posible que la tecnología y la investigación nos ayuden a conseguirlas de otra forma que no sea mediante suplementos pero, actualmente, es tan poco natural tomar la suplementación de un bote de vitamina como tener que tomarla mediante la carne de animales suplementados.

Dieta vegetal contra la diabetes

La diabetes es una enfermedad metabólica crónica que se caracteriza por producir niveles de glucosa en sangre, o glucemia, elevados. Los enfermos de diabetes tienen aumentos de glucemia debido a problemas de secreción de la insulina o de la acción de esta sobre la glucosa. La insulina es la hormona que permite que la glucosa que viaja en la sangre se convierta en energía en las células de nuestro organismo.

Hay dos tipos de diabetes:

- Diabetes de tipo 1: el páncreas no segrega insulina después de que el sistema inmunitario acabe con las células beta, que son las encargadas de producirla.
- Diabetes de tipo 2: el cuerpo no responde correctamente a la insulina. Es la más común (en el 90% de los enfermos de diabetes). Las causas de este tipo de diabetes pueden ser congénitas, pero casi siempre responden al estilo de vida del enfermo.

No todas las personas con resistencia a la insulina desarrollan diabetes de tipo 2, pero el riesgo a padecerla es muy elevado. Por este motivo, es muy importante la prevención de la resistencia a la insulina para evitar sufrir de diabetes.

Hasta hace unas décadas, la diabetes *mellitus* o de tipo 2 se consideraba una dolencia de adultos, pues en la mayoría de casos se daba en personas mayores de cincuenta años. Sin embargo, en la actualidad está apareciendo en adolescentes y, cada vez más, en niños. Factores como el sedentarismo y una mala alimentación alta en ultraprocesados, azúcares y grasas de mala calidad, pueden ser los causantes, pero también debemos tener en cuenta que, muchas veces, se pueden revertir los efectos con un simple cambio de hábitos.

Numerosos estudios han analizado la incidencia de la dieta tanto en la mejora de los enfermos de diabetes como en la prevención de la enfermedad. En los últimos años, diferentes estudios muestran que la propensión a la diabetes de las personas veganas decae entre un 30% y un 50%. Uno de los motivos es, precisamente, tener un IMC más bajo. Es decir, que la prevalencia de obesidad, uno de los factores de riesgo, en personas vegetarianas y veganas es más baja que en personas omnívoras.

Se ha demostrado que muchos de los alimentos base de las dietas vegetales, como los cereales integrales, las legumbres y los frutos secos, pueden prevenir la diabetes. Por eso es una buena opción reducir el consumo de alimentos de origen animal en favor de alimentos saludables de origen vegetal.

Además de la prevención, los efectos positivos de una dieta vegetariana o vegana bien planificada como parte del tratamiento de la diabetes de tipo 2 ya han sido comprobados como muy positivos. Una dieta vegetal puede ayudar a controlar la enfermedad y prevenir las complicaciones que se derivan de la misma. Por ejemplo, varios estudios han mostrado que, en los pacientes de diabetes con insuficiencia renal, el cambio de proteína animal por la vegetal genera mejoras considerables en muchos de los síntomas.

Por supuesto, las dietas deben estar siempre pautadas por un especialista en diabetes y en las patologías que se sufran. El cambio de hábitos no implica el abandono de la medicación ni de las pautas farmacológicas. En caso de remisión o mejora, será solo el médico especialista quien aconseje un cambio en el tratamiento si lo considera necesario.

Veganismo: ¿poco saludable?

Uno de los temores de la comunidad sanitaria, ahora que el veganismo y las opciones *plant-based* se han vuelto considerablemente populares, es que los malos hábitos alimentarios de la población con dietas convencionales traspasen a la población que sigue dietas vegetales. Y es que, hasta hace muy poco, la preocupación por la salud era una constante en las personas que seguían una dieta vegetal.

Ahora ha surgido un controvertido término utilizado por algunos veganos para diferenciarse del prototipo de vegano saludable: los *gordivegans*. No todas las personas que se identifican con este sustantivo comen de forma desordenada, excesiva o insalubre a todas horas. En muchas ocasiones, se trata simplemente de otra manera de señalar que el veganismo no es una cuestión dietética y que ofrece esas mismas opciones nada recomendables que las dietas omnívoras.

Es evidente la falta de educación alimentaria en muchos países y la exposición permanente de la población a mensajes engañosos de la industria alimentaria. Los medios de comunicación suelen destacar casos puntuales de personas veganas que, por culpa de alguna conducta peligrosa, han observado alguna reacción grave en su salud y han tenido consecuencias espantosas; los rumores sobre la mala alimentación que proporcionan las familias veganas a sus bebés se han generalizado y viralizado sin haber sido comprobados.

Debido a este tipo de noticias, algunas instituciones como el Parlamento italiano han valorado legislar contra los padres que alimenten a sus hijos de forma vegana. Este tipo de decisiones políticas no tienen una base científica, pero alarman a la población y crean una mala imagen del veganismo. Esta idea de insalubridad es, con razón, muy conveniente para las empresas que ven peligrar su negocio debido al auge de las bebidas vegetales y la proteína vegetal. La obesidad infantil y la diabetes de tipo 2 en menores se han convertido en pocos años en problemas de primer orden sanitario en muchos países, mientras el veganismo infantil no es ninguna causa de alerta. Pese a todo, los padres de niños veganos acarrean el estigma de no cuidar bien a sus hijos y de ponerlos en peligro.

También hay casos de personas que han denunciado públicamente que, a causa del veganismo, ha empeorado su salud o que han sufrido enfermedades derivadas de la alimentación. Si bien muchas veces es cierto, también es posible que los hábitos alimentarios de estas personas no fueran los mejores. Exactamente igual que ocurre con un omnívoro que decide no tomar fruta y verdura fresca y acaba con escorbuto, una persona vegana malnutrida puede tener problemas de salud muy graves. Son las instituciones las que deberían asegurarse de que tanto el personal sanitario como los legisladores estén actualizados en esta materia. Al integrar las dietas veganas en los planes de salud, en lugar de intentar perseguir legalmente el veganismo, o discriminarlo, se mejoraría la seguridad alimentaria de todos.

«Comer de todo» no es saludable

Una de las frases más populares al hablar de alimentación es aquel gran consejo de que «hay que comer de todo». Repetido como un mantra, puede parecer perfectamente coherente y sí, podría resultar recomendable siempre que ese todo sea todo lo necesario para estar sanos; entonces podríamos entender que nos están animando a buscar todos los nutrientes que necesitamos. Sin embargo, se recurre a él como arma arrojadiza contra las personas que restringen alimentos de su dieta, ya sean los lácteos, el gluten o la carne y el pescado, personas que siguen una dieta paleo, veganos y vegetarianos, gente que deja de consumir gluten sin ser celíaca y pese a llevar dietas equilibradas.

Eliminar alimentos poco saludables como las carnes, la bollería industrial o las bebidas alcohólicas no nos causará ningún perjuicio. Eliminar la carne o el pescado, en general, si llevamos una dieta equilibrada, tampoco: la OMS ya ha alertado a la población de que ciertos alimentos como los embutidos, incluido el jamón, y la carne roja son carcinógenos.

Para poder decidir libremente qué alimentos consumimos, debemos tener información fidedigna más allá de los reclamos publicitarios de las marcas; pero no todas las personas somos capaces de interpretar correctamente un artículo científico. Muchos estudios a nuestro alcance no son concluyentes, ni pretenden serlo, sino que trabajan sobre estudios preliminares. Sin embargo, en muchas ocasiones, tanto en redes sociales como en medios de comunicación, se defienden posturas argumentando tanto con contenido sacado de páginas como Wikipedia como con meta-análisis publicados en revistas científicas de primer orden. No es, por lo tanto, sencillo saber qué validez tienen o qué grado de credibilidad deberíamos darles. No es un secreto que las empresas y los sectores que producen y comercializan un determinado producto pagan estudios que les dejan en una mejor posición de cara a su público objetivo. La mayoría de las veces, estos estudios que aparecen en la prensa, casi en formato de publirreportaje, no se publicarán en ningún medio científico por su baja calidad.

En los estudios de hábitos de consumo realizados en Estados Unidos durante los últimos años, el IMC (índice de masa corporal) de las personas con dietas vegetales era más bajo que el de las personas con dietas omnívoras. La lectura de los resultados de estos estudios indica que las dietas basadas en plantas están vinculadas con un índice de obesidad inferior. Al mismo tiempo, la incidencia de otras enfermedades, como la diabetes o las de tipo cardiovascular, también es menor.

Estos datos, positivos hasta el momento, pueden empezar a cambiar ahora que los ultraprocesados veganos se han hecho tan populares. Habrá que esperar a ver si en los próximos estudios suben los porcentajes asociados al riesgo de padecer patologías graves en personas con dietas vegetales y empiezan a igualarse a la población que sigue una dieta convencional.

El veganismo como opción saludable

Desde 1987, la postura sobre las dietas vegetarianas (incluida la vegana) de la Academy of Nutrition and Dietetics —la mayor organización de profesionales dedicados a la nutrición y a la alimentación de Estados Unidos— es la siguiente:

> Las dietas vegetarianas, incluidas las veganas, correctamente planificadas son saludables, nutricionalmente adecuadas y pueden proporcionar beneficios para la salud en la prevención y el tratamiento de ciertas enfermedades. Estas dietas son apropiadas para todas las etapas del ciclo de vida, incluidos el embarazo, la lactancia, la infancia, la adolescencia y la edad adulta, así como para los atletas.

En Estados Unidos, un país con mayor tradición y recorrido en este ámbito, las recomendaciones para una alimentación saludable incluyen la dieta mediterránea y la vegetariana en todas sus variantes. Hoy, por primera vez, el vegetarianismo y el veganismo se encuentran en auge en los países que no son anglosajones.

Es importante separar los conceptos de vegetarianismo y veganismo del de salud, para evitar confundir los alimentos no restringidos con alimentos saludables: ¡unas galletas de chocolate pueden estar muy sabrosas, pero ser una bomba de relojería para nuestro organismo!

Los constantes mensajes en los que se relacionan las dietas basadas en plantas con la salud distorsionan la realidad. Es cierto: una dieta saludable pasa por ser una dieta de base vegetal. También es cierto que, ante determinadas patologías, los beneficios de una dieta vegetariana son evidentes. El caso de la diabetes es un magnífico ejemplo en el que los beneficios superan incluso a los de las dietas. Pero todo esto no implica que una dieta vegetal nos aporte salud de forma instantánea, ni tampoco que algo que lleve la etiqueta de «vegano» o «vegetariano» sea saludable.

Nos llega una imagen muy clara a través de la publicidad, los medios y las redes sociales de que el veganismo es salud. Incluso desde el propio activismo. Por ello tenemos que grabarnos lo siguiente en la memoria:

> Una dieta vegetariana o vegana estricta en ningún caso es saludable si no está bien planificada.

Tipos de dietas basadas en vegetales

¿Sabes distinguir entre una dieta vegetariana y una vegana? Lo cierto es que en pocos años ha aparecido una gran cantidad de términos que dificultan la capacidad para diferenciarlas. Empecemos por los que están más lejos de ser veganos: por ejemplo, los piscivegetarianos y los flexitarianos son omnívoros, y no estarían dentro de las dietas vegetarianas. Los primeros añaden el pescado a su dieta y los segundos tan solo disminuyen el consumo de carne, especialmente la roja. Se encuentran en la órbita del vegetarianismo porque limitan las proteínas animales y siguen dietas basadas en vegetales.

Estas son dietas ordinarias que suelen tener como objetivo común la preocupación por la salud. También son específicas de zonas geográficas donde hay dificultad para conseguir ciertos alimentos o que, bien por religión, bien por costumbres, no se consumen.

La dieta vegana es aquella que lleva la población vegana y se trata de una dieta vegetariana estricta. La principal diferencia entre vegetarianos y veganos es que el veganismo engloba todos los aspectos de la vida. El veganismo se define por la voluntad de no usar animales con ningún propósito ni consumir productos derivados de los mismos.

Veganismo y dieta saludable

Actualmente, tanto en España como en Latinoamérica, no hay muchas recomendaciones nutricionales específicas para las dietas vegetarianas y veganas que estén avaladas por las instituciones sanitarias.

Asumimos que las recomendaciones de la Sociedad Española de Nutrición Comunitaria (SENC) se pueden adaptar a las dietas vegetarianas y veganas pero, si nos fijamos en su pirámide, a nivel gráfico no nos parece un buen ejemplo para las dietas veganas puesto que, al eliminar grupos alimentarios enteros, nos da la impresión de ser poco equilibrada.

Una de las dietas más saludables del mundo es la dieta mediterránea, que está reconocida por la OMS y además se sigue a nivel mundial. La pirámide de la dieta mediterránea sostenible de la IFMED, aunque no se dirige a las dietas vegetarianas y veganas, nos da unas directrices que podemos aprovechar. Nos puede servir de referencia siempre teniendo en cuenta que, allí donde hay proteína animal, se sustituye por el tofu y el seitán y potencian los alimentos con proteína vegetal.

El tofu es la cuajada de la soja, una sustancia parecida al queso blando que forma un alimento básico en la mayoría de los países de Asia oriental. De hecho, «tofu» es la palabra japonesa, prestada del *dòufu* chino, que significa literalmente «habas podridas».

Hay dos formas de hacer esta cuajada: con nigari (cloruro de magnesio) o con cloruro de calcio.

El seitán es un preparado a base de gluten de trigo que en el mundo *veggie* es conocido como «la carne vegetal» por su textura y versatilidad a la hora de sustituir la carne en los platos tradicionales.

Según la pirámide, las recomendaciones para un almuerzo equilibrado serían las siguientes:

- Pasta, arroz, patatas, legumbres, cereales o pan.
- Verdura cocida o cruda, como ensalada.
- Tofu, seitán u otros sustitutivos, como soja texturizada.
- Fruta o yogur vegetal.

La pirámide de la alimentación saludable vegana

Una representación gráfica clara puede ayudar a una mejor planificación semanal. Como indicábamos, una de las pirámides oficiales más utilizadas es la australiana, que se complementa perfectamente con las indicaciones del plato Harvard para las comidas principales:

Siguiendo esta línea, en la base de la pirámide se colocarían las frutas y las verduras, donde las verduras tendrían una proporción hasta tres veces mayor. En ese apartado entran las hortalizas, la verdura de hoja, frutas como el aguacate y el tomate y las setas. También legumbres como las lentejas o los guisantes.

En el segundo nivel de la pirámide se encuentran los tubérculos (patata, boniato, yuca...), los cereales (como el trigo o el arroz) y los «pseudo-cereales» (como la quinoa, pero también sus derivados: los cereales de desayuno integrales sin azúcar, la avena en copos, la pasta, el pan o los biscotes integrales).

El tercer nivel de la pirámide australiana omnívora estaría dividido en dos: los productos lácteos y la proteína animal, como la carne y el pescado. Esos lácteos pueden ser sustituidos por bebidas y yogures vegetales. Las alternativas a la carne, el pescado y los huevos son las legumbres, los derivados de la soja, ejemplificados en el tofu, y los frutos secos.

La última parte de la pirámide está reservada para los aceites saludables, con el aceite de oliva como fuente principal, rico en omega 3. Un apunte: el aguacate, que podría estar en esta sección de la pirámide, se encuentra en la base ya que también aporta otros nutrientes muy importantes y su consumo puede ser más frecuente.

En esta representación se recuerda que el agua es siempre la mejor forma de hidratación y es importante que se eliminen el azúcar y la sal añadidas en favor del uso de especias y condimentos saludables.

Otros modelos alimentarios revisan la parte superior de la pirámide. En el lugar de la proteína vegetal se añaden las bebidas y los yogures vegetales, y en ese apartado también se incorporan las hojas verdes. Nosotros añadimos un nivel más para recordar la importancia de la suplementación de B_{12}, que veremos más adelante.

Cambios físicos al pasar a dietas vegetales

Es posible que, para algunos, simplemente se eliminen los alimentos de origen animal y aumenten la ingesta de vegetales que ya estaban presentes en su dieta, pero, para muchas otras personas, el paso a una dieta vegetal implica la introducción de alimentos que eran totalmente ocasionales: pasan de tener un consumo anecdótico de vegetales a uno abundante; se convierte en la base de su dieta.

Una alimentación basada en vegetales y frutas nos dará mucha energía, pero no podemos ignorar que se pueden manifestar reacciones adversas inesperadas:

- Aparición de alergias e intolerancias alimentarias.
- Aumento en la frecuencia de las defecaciones y cambio de aspecto.
- Más gases y flatulencias.
- Malestar físico o fatiga.

La causa no es propiamente el veganismo, sino el cambio a una dieta rica en alimentos que nuestro organismo no está acostumbrado a procesar. La alergia o la intolerancia alimentaria que no se había presentado hasta el momento puede nacer al tomar contacto con el alimento que la provoca.

Por otro lado, sabemos que el aumento de fibra mejora

el tránsito intestinal, pero quizá nuestro aparato digestivo necesita un tiempo para ajustarse a una cantidad muy superior a la anterior.

Sucede exactamente lo mismo con los gases: ¡no son patrimonio de las dietas veganas!, pero hay algunos alimentos que los producen, especialmente si no se han consumido nunca y de repente se convierten en la base de tu nueva dieta. Las legumbres y las crucíferas, como la col y el brócoli, se convierten en un recurso sencillo y habitual que aparecen en multitud de recetas.

El malestar físico o la fatiga se puede deber a muchas cosas, desde la falta de B_{12} a otros factores no relacionados con la alimentación. Como con cualquier otro problema médico, hay que consultarlo con el especialista que corresponda.

Mejora la digestión de las legumbres

- Si son secas, remójalas siempre durante al menos doce horas, incluso cuando sean de cocción rápida.
- Pélalas una vez cocidas o cómpralas envasadas ya peladas.
- Cuécelas con especias como el comino, orégano, hinojo, romero o tomillo.
- Asegúrate que de que están bien cocidas.
- Si nada de lo anterior funciona, reintrodúcelas trituradas, en forma de puré, paté, etc.

Una buena forma de probar si nos sientan bien unos garbanzos es pelándolos y haciendo hummus con ellos. Tenéis la receta más adelante.

Nutrientes

¿Voy a tener suficiente proteína? ¿Moriré de anemia? ¿De dónde sacaré el calcio? La desinformación en torno a la alimentación basada en plantas es tan frecuente, que nos cuesta saber si es realmente cierto que es saludable y fácil de llevar.

Aunque científicamente se ha comprobado que no existe ningún tipo de alerta de salud al respecto, es lógico que, además, queramos interesarnos un poco más por los nutrientes que necesitamos en nuestra dieta.

Dejando de lado la alarma social y los típicos comentarios de amigos y familiares, es necesario ver algunos de los macro y micronutrientes más importantes para asegurarnos de que nunca los echaremos en falta:

Macronutrientes

Los macronutrientes son básicos para nuestra alimentación y son los nutrientes que se necesitan en más cantidad. Son los que nos dan energía. Se dividen en glúcidos o carbohidratos, lípidos o grasas y proteínas. Estas últimas son las que causan más preocupación al principio de una dieta vegetal, puesto que se eliminan la carne y el pescado de la dieta, y en el caso de las personas veganas también los huevos y los lácteos. Los carbohidratos no suelen ser un problema, ya que están presentes tanto en los cereales como en las legumbres, verduras y frutas. Sin embargo, sí que hay que tener en cuenta las grasas, en especial aquellas que no son saludables.

Las recomendaciones más habituales de los organismos internacionales respecto a los macronutrientes de una dieta equilibrada son los siguientes:

- El 50%-60% de las calorías se obtiene de los carbohidratos.
- El 30%-35% de las calorías se obtiene de las grasas.
- El 12%-15% de las calorías se obtiene de las proteínas.

Los alimentos tienen una combinación de estos tres macronutrientes, aunque suele ser habitual que haya uno de ellos que destaque. Si bien nosotros veremos las recomendaciones generales, también hay pautas alimentarias que no siguen estos porcentajes pero son saludables: suelen tratarse de dietas terapéuticas o enfocadas a personas con necesidades específicas, como los deportistas de alto rendimiento.

Las proteínas

Según la European Food Safety Authority (EFSA), con datos de 2012, los requerimientos de proteínas para la población general son de 0,83 gramos por kilo de peso del individuo y día para adultos y ancianos.

Las proteínas animales contienen los nueve aminoácidos esenciales, que son aquellos que los seres humanos no podemos sintetizar por nosotros mismos. Estos son: fenilalanina, isoleucina, leucina, lisina, treonina, triptófano, valina, arginina, histidina y metionina.

Hay fuentes de proteínas de origen vegetal completas, como la soja, los garbanzos o las semillas de cáñamo. Pero otros alimentos son deficitarios en algunos aminoácidos esenciales. Por ejemplo, las lentejas tienen déficit de lisina. Por eso las lentejas se complementan con cereales altos en este aminoácido, como el arroz.

Las grasas

Durante años, las grasas fueron el enemigo a combatir de la industria alimentaria. Ya hemos visto que cuidar la ingesta de grasas, también llamadas lípidos, es importante y, además, su consumo es necesario para el correcto funcionamiento de nuestro organismo. Lo importante es, sin duda, que se trata de grasas saludables.

Las recomendaciones de ingesta dietética de la EFSA para los ácidos grasos específicos propuestos son difíciles de entender si no somos expertos en nutrición. De sus recomendaciones, lo más importante es recordar que las grasas *trans* son las más peligrosas y que debemos eliminarlas completamente de la dieta, evitándolas incluso en el consumo ocasional de alimentos.

También hay recomendaciones específicas sobre los ácidos grasos omega 3 y omega 6. Hay seis tipos de ácidos grasos que pertenecen a la serie del omega 3. EL DHA y el EPA solo los encontramos en el pescado, las algas y la leche materna; por lo tanto, son imposibles de conseguir en una dieta vegana. Sin embargo, el ALA es muy sencillo de encontrar en alimentos que tenemos al alcance de la mano: la chía, el lino y las nueces, por poner algunos ejemplos, son ricos en omega 3 y nos permiten no tener que recurrir al pescado.

Como los ácidos grasos omega 6 compiten con el omega 3, es importante reducir el consumo del primero en beneficio del segundo. Y es que el omega 6 lo encontramos en el pan integral, gracias al trigo, en el aceite de oliva, en el aguacate y en muchos frutos secos, como las nueces, los cacahuetes, las almendras, las avellanas y los pistachos.

Tener el colesterol alto es uno de los problemas de salud más habituales en relación a las grasas. Las recomendaciones para el colesterol aconsejan no superar los 300 mg al día, algo que con una dieta vegetal saludable es muy fácil de conseguir.

Los carbohidratos

Las dietas vegetarianas y veganas bien planificadas tienen un gran aporte de carbohidratos de alto valor nutricional. Pero en el caso de las dietas mal planificadas, podemos encontrar un exceso de carbohidratos simples, a base de harinas refinadas o azúcar común como la pasta y el pan.

La recomendación de la OMS sobre los azúcares libres es que no sobrepasen el 10% de la ingesta calórica total, aunque aconseja reducirlo hasta el 5%, óptimo para la salud. El azúcar libre es el que se añade a los alimentos, ya sea en casa, en restauración o en productos comerciales, pero también aquellos que hay en la miel, los jarabes (como el sirope de agave o el de arce) y los zumos de fruta, incluidos los caseros.

Micronutrientes

Al contrario que con los macronutrientes, hay otras substancias que el cuerpo humano necesita en pequeñas dosis para funcionar correctamente: los micronutrientes. En este caso, no es necesario explicarlos todos, ya que se trata de un grupo muy extenso.

La vitamina B_{12}

Sin duda, la vitamina B_{12} es la mayor preocupación a nivel nutricional que pueda tener una persona vegana, ya que no es posible mantener un buen nivel solo con la dieta. Los daños neurológicos a largo plazo debido a su déficit nos deben poner en alerta tanto si somos veganos como si no, pues también hay muchas personas omnívoras que sufren problemas de absorción.

Sabemos que las personas veganas son una población que tiende al déficit de vitamina B_{12}, de modo que tanto a la gente vegetariana como a la vegana siempre se les indica la suplementación de B_{12}.

La primera razón es porque no hay alimentos de origen vegetal que contengan B_{12} biodisponible en la cantidad necesaria. Es decir, no tenemos la posibilidad de introducir ese alimento en nuestro menú de forma segura y que además nuestro cuerpo sepa asimilar.

Sin embargo, sí que encontramos análogos de la vitamina B_{12} en algunos alimentos, como puede ser el alga espirulina. Durante años, se ha animado a su consumo, entre otras cosas por ser fuente de B_{12}. Ahora sabemos precisamente, al ser un análogo de la vitamina B_{12} que el cuerpo necesita, obstaculiza su correcta absorción. Por lo tanto, el consumo habitual de espirulina en personas vegetarianas y veganas no está aconsejado.

Tampoco parece razonable que basemos nuestra ingesta de B_{12} en alimentos fortificados, ya que la mayoría de ellos son productos ultraprocesados poco saludables.

La recomendación para adultos más habitual es de 2.000 mg de cianocobalamina a la semana, en una toma. Pero esto puede variar, por ejemplo, si fumamos, o si tenemos alguna enfermedad. Así, por ejemplo, las personas que sufren insuficiencia renal y los fumadores necesitan otro tipo de cobalamina, en dosis ajustadas. En estos casos se aconseja acudir a un nutricionista para que valore si hay que realizar otro tipo de conducta nutricional. En las pautas para bebés y niños es importante que se consulte con un dietista titulado especializado en pediatría.

El hierro

Al hablar del hierro hay que diferenciar entre hierro hemo, de origen animal, y hierro no hemo, de origen vegetal. El hierro hemo tiene mejor absorción y no se encuentra interferida por otros componentes de la dieta como los taninos, los polifenoles o los fitatos, por ejemplo, que sí interfieren en la absorción del hierro de origen vegetal.

La vitamina C es un buen recurso para favorecer la absorción del hierro no hemo y puede contrarrestar el efecto inhibitorio de los fitatos (que se encuentran en cereales integrales, frutos secos o legumbres). Estos alimentos ricos en vitamina C son, en su mayoría, los cítricos (naranjas, mandarinas) u otras hortalizas (pimiento rojo). Para que sea efectiva, su ingesta tiene que darse conjuntamente con alimentos que contengan hierro.

Una fuente excelente de hierro son las legumbres, las

verduras de hoja verde, las espinacas y algunos frutos secos, como las almendras y las avellanas.

Ejemplos de alimentos ricos en hierro no hemo (por cada 100 g): habas de soja (15,7 mg), semillas de sésamo (14,6 mg), anacardos (6,7 mg), nueces (2,6 mg) y la col rizada (1,5 mg). Las lentejas tan solo tienen 3,3 mg, pese a ser uno de los alimentos a los que se recurre de forma habitual para aumentar el consumo de hierro.

El calcio

Es importante que las personas veganas incluyan en su dieta productos vegetales ricos en calcio o bien fortificados con calcio. Para ayudar a que el calcio se absorba, evitaremos el café y el té en la misma ingesta. Además, es muy importante el ejercicio físico para que el calcio se fije.

Ejemplos de alimentos ricos en calcio (por cada 100 g): las almendras (254 mg), verduras como el brócoli (56 mg), el tofu (100 mg) o algunas legumbres, como la soja (240mg) o la judía blanca (128 mg).

La vitamina D

La disponibilidad de vitamina D depende de la exposición solar y de lo que comemos. Para mantener los niveles de vitamina D, es necesaria la exposición solar sin protección durante 10-15 minutos diarios de manos, brazos o cara. Si se tiene la piel oscura se requiere de seis a diez veces más tiempo.

Es conocido el déficit de vitamina D en la población general de muchas zonas del mundo, de modo que podemos suponer que también sufren esta carencia la gente vegetariana y vegana. Para saberlo, solo tienes que hacerte un análisis de sangre.

Por otro lado, algunos de los alimentos más ricos en vitamina D son los derivados lácteos, por lo cual los veganos no suelen llegar a los niveles deseados. La consumición de bebidas vegetales o cereales fortificados con calcio y vitamina D podría ser una buena opción para suplir esta carencia. Otra posibilidad más segura son los suplementos, ya que siempre sabremos la cantidad que tomamos.

La fibra alimentaria

La fibra alimentaria, a pesar de no ser un nutriente, es clave en nuestra alimentación. Tanto que puede actuar, por ejemplo, como protección contra el cáncer de colon.

La OMS indica que el consumo de fibra debe ser de entre 20 y 35 gramos al día, algo que con una dieta vegetariana saludable se consigue fácilmente. Sin embargo, en la dieta occidental no suele llegar al mínimo, debido al alto consumo de comida rápida y ultraprocesados, en lugar de fruta y verdura. Una dieta vegetal también puede ser pobre en fibra si la base son los cereales refinados, como el pan o la pasta blanca, y no se consumen las raciones de vegetales habituales.

¡Ojo! Uno de los motivos por los que los zumos de fruta no se consideran «ingesta de fruta» estricta es porque no tienen fibra. ¡El zumo de naranja con pulpa tampoco!

Fitonutrientes

Más allá de los macronutrientes y los micronutrientes, una alimentación rica en alimentos vegetales será también rica en fitonutrientes. Estos no tienen un valor nutricional específico, pero sí efectos beneficiosos para la salud. Veamos algunos ejemplos:

El **licopeno**, que encontramos, por ejemplo, en el tomate, es un potente antioxidante que tiene efectos positivos para el sistema vascular y el corazón. Lo relacionamos con el color rojo.

Los **flavonoides**, que relacionamos con el color morado, podemos encontrarlos en las uvas, las fresas o las moras. Favorecen la circulación sanguínea y disminuyen el riesgo de enfermedad cardiovascular.

Las **crucíferas**, como la col o el brócoli, que relacionamos con el color verde, contienen carotenos y sulforafanos. El brócoli tiene, además, un alto contenido en tocoferoles y tocotrienoles y su aprovechamiento depende de su preparación.

¡Ojo! Escoger la técnica de cocción correcta para conservar al máximo las propiedades de los vegetales es primordial a la hora de obtener su aprovechamiento.

Adecuación de las raciones

Ahora que ya sabemos qué ingredientes no pueden faltar en nuestro menú, debemos tener en cuenta las raciones: las grasas, las proteínas y los hidratos de carbono son saludables (y necesarios), si vienen de los alimentos correctos en cantidades adecuadas.

De verduras y hortalizas deberíamos comer un mínimo de tres raciones diarias, dentro de las cinco raciones de frutas y verduras que se suelen recomendar. Una de esas raciones debería ser en crudo, como en ensalada, por ejemplo.

En cuanto a los postres, hay que vigilar la ración de fruta (un batido de tres frutas ya es toda la fruta que necesitamos en el día) y que los postres menos saludables, como los pasteles, sean caseros. Por ejemplo, podemos rebajar el azúcar con fruta madura, y también evitar usar grasas poco saludables.

Las raciones varían según las personas. Las que vamos a ver aquí son recomendaciones generales para adultos en *normopeso*, es decir, sin sobrepeso y que no tienen requerimientos nutricionales especiales. Para adecuar las raciones a tu dieta, necesitarás la ayuda de un dietista colegiado.

Las raciones de proteína vegetal

Una de las grandes preocupaciones de las dietas vegetarianas y veganas es de dónde sacamos las proteínas.

Hay muchos alimentos vegetales que tienen proteína completa. Por ejemplo, con algunas legumbres no necesitamos combinarlas para lograr proteína de calidad. Es el caso de:

- Los garbanzos.
- Algunas variedades de judías, como las azuki o las judías negras.
- La soja y sus derivados, como el tofu o el tempeh.

Pero esto no ocurre con todas las legumbres. Por ejemplo, las lentejas deben ser complementadas con un cereal: una buena opción podría ser el arroz. En general, es siempre interesante que las legumbres se complementen con cereales, pero no debemos desesperarnos si no lo hacemos. Si tomamos cereales integrales en una de las comidas y legumbres en otra, el cuerpo es lo suficientemente inteligente como para «guardar» los aminoácidos esenciales de cada uno de los alimentos; por lo tanto, si durante el día tomamos legumbres, cereales y semillas, aunque no sea en la misma comida, tendremos una ingesta de proteína completa.

Como el tofu o el tempeh, el seitán (preparado a base de gluten de trigo y otros sustitutos de la carne) también nos ofrece proteína completa de calidad.

De este tipo de alimentos proteicos se recomienda tomar entre una y tres raciones al día. El equivalente a una ración es:

- Legumbre cocida: 200 g.
- Tofu: 150 g.
- Una hamburguesa vegetal con base proteica.
- 2 vasos de bebida de soja.

También lo hacen algunas semillas, como las de cáñamo, que además tienen un alto contenido en grasas saludables.

Equilibrio nutricional sin carne ni pescado

- Puedes quitar la carne o los embutidos de los estofados de legumbres y añadir especias, como el pimentón.
- Acuérdate de tu puñadito de frutos secos al día.
- Elige alimentos con hierro no hemo.
- No te olvides de los potenciadores del hierro, como la vitamina C, que está en los cítricos, el pimiento rojo o el perejil fresco.
- Separa los alimentos ricos en calcio, como el yogur, el tofu o las bebidas vegetales, como el té, el café y la mayoría de hojas verdes.
- Recuerda tomar tu suplemento de B_{12} semanalmente.

Fruta y verdura

Las dietas vegetarianas y veganas no pueden olvidar la importancia de las frutas y las verduras. Preferentemente, tienen que ser de temporada y de proximidad.

Del mínimo de cinco raciones de frutas y verduras que hay que tomar al día, al menos dos tienen que ser frutas. A veces se recomienda llegar a siete raciones de vegetales, frutas y hortalizas. Así que siempre se habla de un mínimo, no es un máximo. De algunas hortalizas no es necesario poner límite si se consumen en crudo o cocinadas con técnicas saludables. Es importante recordar el mínimo porque son precisamente las opciones alimentarias que más cuesta incorporar en una dieta nueva.

Una ración de frutas frescas o de hortalizas son unos 140-150 g. Las recomendaciones de raciones varían según la fruta, la verdura y hortaliza a la que nos estamos refiriendo, pero es una medida por lo general útil.

Hay medidas caseras que nos pueden ayudar. Como norma, consideraremos una ración lo siguiente:

- Una rodaja de melón o sandía.
- Una pieza mediana de manzana, pera, naranja o un plátano.
- 8 fresas medianas.
- Un plato de postre pequeño de cerezas, uvas o moras.
- Media berenjena mediana.
- Una endivia.
- Un pimiento mediano.
- Un tomate mediano.
- Medio calabacín grande.
- 6 espárragos.
- Un plato grande de lechuga o de escarola o de verdura de hoja verde.

¡Importante! Las patatas no irían nunca en este grupo, sino con la pasta, el pan y los cereales. ¡Así que nada de contar las patatas como verduras!

Cereales integrales

Debemos priorizar los cereales integrales por encima de los cereales refinados, puesto que aportan muchos más nutrientes y, además, ayudan a completar las proteínas vegetales, como hemos visto anteriormente.

El consumo de pan y pasta, así como el de trigo, no es imprescindible para una dieta saludable. Las cantidades de hidratos de carbono no dependen solo de los cereales o la patata que comamos, sino también de la fruta y la verdura.

Las raciones de cereales en las dietas saludables, que en nutrición entran dentro de los alimentos farináceos, suelen ser más pequeñas de las que se consumen habitualmente. Las equivalencias para una ración varían mucho según el formato del alimento, ya que solemos consumirlos procesados:

- 50 g de pan.
- 30 g de cereales de desayuno sin azúcar.
- 70 g de pasta en seco.
- 70 g de arroz en seco.

Hay otros farináceos muy habituales en nuestra dieta: una ración de patata es una patata mediana o 200 gramos; de patata cocida se puede llegar a los 250 gramos. Ocurre exactamente lo mismo con el boniato o la yuca.

Raciones de grasas saludables

Como hemos mencionado, hay que evitar las grasas poco saludables, y moderar las grasas saludables. Si bien es cierto que el aceite de oliva, los frutos secos y las semillas son ingredientes muy recomendables, debemos vigilar la cantidad que consumimos.

En total, se recomiendan unas dos o tres raciones al día, de modo que es importante no consumir aceite o grasas ocultas en otras preparaciones, ya sean caseras o no. Deberemos contar las que pueden incluirse en las salsas, los guisos, los aliños y los productos procesados.

Una ración de alimentos que contienen grasas buenas sería la siguiente:

- 25 o 30 g de frutos secos o semillas.
- 10 g o 1 cucharada sopera de aceite de oliva.
- No pasarnos de 5 cucharadas soperas de aceite.
- 50 g o 1/3 aguacate.

Variedad al menú diario

La variedad del menú es importante para que resulte interesante. Tenemos que ofrecer un mínimo de platos de primero y de segundo en los que se utilicen diferentes técnicas de cocción y en los que los ingredientes sean variados. De esta forma conseguiremos que haya distintas texturas y sabores y que no se haga monótono.

Dentro de estas opciones, es importante que sean saludables y que se pueda crear un menú equilibrado de forma sencilla. Si preparamos un plato único, entonces los alimentos deben estar muy balanceados. Un menú equilibrado para comer o cenar puede incluir:

- Pasta, arroz, patatas, legumbres, cereales o pan.
- Verdura cocida o cruda, como ensalada.
- Tofu o tempeh o seitán, u otros sustitutivos.
- Fruta o postre vegetal (yogur vegetal sin azúcar añadido).

El punto crítico sería escoger la proteína que vamos a utilizar. Recordemos que tenemos para elegir entre tofu, tempeh, proteína de soja o de guisante texturizada, seitán (limitaremos el consumo respecto al resto) y legumbre (en potaje o en ensalada). Es muy importante variar la fuente de proteínas.

Hay legumbres que sí nos aportan proteína completa y otras que no. Como hemos mencionado antes, a un estofado con lentejas podemos añadirle arroz para asegurarnos la proteína completa, aunque no sea necesario hacerlo en la misma comida. Si consumimos cereales integrales durante el mismo día, ya lo tenemos. Evitar que el consumo de cereales se reduzca al pan y la pasta de trigo blanco también nos ayudará. Recuperar el pan de centeno, el pan de maíz o los cereales de grano entero como el mijo o el kamut —porque ¡hay vida más allá del arroz para los guisos de cereales!— es otra forma interesante de aportar variedad a nuestra alimentación.

Otra cuestión importante es que los vegetales y las hortalizas deben ser los verdaderos protagonistas de nuestras comidas. Por eso muchas veces los platos únicos están descompensados: añadimos ensalada o un poco de verdura a un plato y pensamos que ya está solucionado. Una forma fácil de consumir variedad es intentar que haya el máximo de colores posibles en el plato. De esta forma, es imposible que solo comamos judías verdes, lechuga o tomate. Una ensalada variada en color y texturas nos aportará muchos nutrientes y también más sabor.

En los menús semanales veremos cómo mejorar nuestra comida con opciones reales y combinaciones saludables.

Limitar algunas grasas y el azúcar

Si hablamos de alimentación saludable, no podemos dejar de señalar dos de los peores enemigos de nuestra salud: el azúcar y la grasa. ¡Pero no toda la grasa! La grasa es necesaria y la hay muy saludable. Tenemos que eliminar totalmente las grasas trans, presentes en casi todas las margarinas, y limitar el uso de los saturados como la mantequilla.

Las grasas saludables que tenemos que priorizar son aquellas que encontramos en el aceite de oliva, los frutos secos y algunos vegetales como el aguacate (palta).

Si consumimos productos convencionales y frescos en lugar de preparados y ultraprocesados (platos preparados, hamburguesas del supermercado, etc.), podremos evitar las grasas trans y los saturados de forma más efectiva, así como los azúcares añadidos que tienen muchos productos.

Bebidas: agua y opciones saludables

El agua es la mejor opción de hidratación que tenemos, sin lugar a dudas. Para conseguir beber más, podemos presentarla de forma más atractiva preparando agua saborizada. Las aguas saborizadas, sin azúcar, se pueden preparar con ingredientes muy económicos e ir variando de forma estacional. Por ejemplo, con pepino y menta, con limón, con frutos rojos o fresas, con naranja y canela.

También podemos tomar refrescos sin azúcar, cerveza sin alcohol, infusiones, zumos de fruta natural o zumos verdes.

Técnicas de cocina saludables

Desde la Fundación de la Dieta Mediterránea se recomienda usar aceite de oliva tanto para las cocciones como para aliñar. El aceite de oliva es clave en la dieta mediterránea, pero se recomienda usarlo con moderación en las cocciones y no abusar en los aliños.

Las técnicas de cocción saludables son: a la plancha, al horno, cocido y al vapor.

Además:

- Hay que remojar las legumbres entre 6 y 12 horas.
- Evita freír las verduras, para no tener exceso de aceite.
- La fruta siempre debe estar muy limpia o con la piel pelada.
- Prepara los zumos y batidos de fruta en el momento.
- Hay que tomar verduras crudas, que conservan todas las vitaminas y minerales.

Mitos alimentarios

En ocasiones damos por hecho que algunas leyendas urbanas o información que nos llega es verdadera porque, simplemente, es lo que siempre hemos escuchado. Los mitos alimentarios son un verdadero problema si queremos comer de forma vegano-saludable porque, o bien nos limitan de alguna forma, o bien nos encontramos haciendo lo contrario de lo que nos sentaría mejor.

Veamos algunos mitos alimentarios que deberíamos desterrar desde ya:

Comer pasta por la noche engorda

Lo cierto es que no tiene base científica. Si necesitas adelgazar o, al revés, aumentar los carbohidratos para ganar volumen, tienes que contar las calorías que consumes y el gasto calórico total. El trabajo de un nutricionista es precisamente este, consúltalo y deja de pensar que la dieta vegetal es la culpable.

Tomar fruta por la noche engorda

Lo mismo que el punto anterior. La fruta puede engordar si nos excedemos, como cualquier alimento. Sin embargo, nos da energía y, si no la gastamos, por supuesto que se convertirá en grasa.

Los zumos son saludables y cuentan como una ración de fruta

El zumo, aunque sea casero y natural, es un procesado de fruta sin la pulpa y que nos evita la masticación. Ahora sabemos que deberíamos contarlo como un refresco (más saludable que otros, pero un refresco alto en azúcar, en definitiva). Piensa en la cantidad de naranjas que necesitas para un solo vaso de zumo. Intenta comerte todas esas naranjas enteras... Seguramente, si fueran enteras solo te comerías dos al día, pero en zumo puedes llegar a beber tres o cuatro de una vez.

Si como bien, no necesito suplemento de vitamina B_{12} aunque sea vegano

Las personas vegetarianas y veganas necesitamos suplementarnos con vitamina B_{12} porque no hay ningún alimento de origen vegetal que nos lo aporte con seguridad. Es cierto que varias investigaciones en poblaciones vegetarianas indican que hay personas que no lo necesitan, pero estamos hablando de una situación muy específica en la que tú y yo no nos encontramos. A nosotros nos hace falta, y es muy importante cubrir ese déficit. La falta de vitamina B_{12} es un tipo de anemia y puede conllevar problemas neurológicos graves e irreversibles. Aunque las personas omnívoras cuentan con una reserva, esta varía tanto de una persona a otra que cuando nos pasamos a una alimentación vegetal la mejor opción para cubrirlo es la suplementación. Aunque la vitamina B_{12} es de origen bacteriano y siempre es vegana, no todos los suplementos lo son. Hay muchas marcas veganas y seguras, pero siempre tenemos que vigilar las cápsulas y los recubrimientos. Un detalle: también hay personas que consumen carne y pescado con déficit de B_{12}, así que no es solo un problema de los veganos.

Comer vegano es comer sano

Ya lo hemos dicho antes: ¡ojalá! Todo sería más fácil, ¿verdad? El veganismo implica que no nos alimentamos de ingredientes de origen animal porque creemos que los animales no deben ser utilizados de ninguna forma, que tienen su vida. Pero el azúcar, las harinas refinadas, el alcohol o las grasas trans vegetales pueden ser muy veganas y también nada saludables.

Hay que hacer cinco comidas al día

Lo cierto es que no hay un número de comidas mejor que otro. La cantidad de comidas diarias se adaptará a tus gustos, estilo de vida y necesidades.

El desayuno es la comida más importante del día

¡Falso! No hay una comida más importante que otra. Es crucial comer de forma equilibrada, pero si no desayunas no lo estás haciendo mal... siempre que te siente bien no desayunar, claro.

La proteína vegetal completa se consigue con legumbres y cereales en la misma comida

Deberíamos tener este punto superado. Si a lo largo de la semana tomamos las raciones de legumbres y cereales integrales necesarios, y además los complementamos con semillas, fácilmente conseguiremos la proteína completa que nos hace falta. Los aminoácidos esenciales permanecen un tiempo en el cuerpo y nuestro organismo va montando el «puzle» de la proteína completa según le van llegando.

Además, tenemos legumbres maravillosas que nos aportan proteína completa, como los garbanzos.

La pasta y el pan no son alimentos con valor nutricional

Justo lo contrario. Eso sí, el pan y la pasta deben ser integrales y de calidad, para que de ese modo tomemos cereales integrales que nos sirvan, como dice el punto anterior, para complementar las proteínas de algunas legumbres. Pero no son imprescindibles, puedes no comer ni pan ni pasta ni cereales y tener una alimentación vegana saludable.

Ser vegano es caro

Comer saludable puede llegar a ser más caro que comer de forma no saludable si la fruta y las verduras frescas suben mucho de precio. Pero si comemos de forma saludable, en igualdad de condiciones, seguramente sea más económica una alimentación vegana. Los frijoles y los garbanzos son bastante más baratos que un filete de ternera ecológico. Eso sí, si compramos ultraprocesados y sustitutos (como embutido y queso vegano), la lista de la compra se dispara de precio. En ese momento, ser vegano se convierte en un lujo porque esos alimentos, además de por precio, no están siempre disponibles fácilmente.

La soja es poco saludable

La población japonesa tiene la esperanza de vida femenina más alta del planeta a pesar de la constante presencia de la soja en su alimentación. La soja puede ser poco digestiva para algunas personas y debe convertirse en nuestra única fuente de proteínas. Siempre que no nos excedamos, no es un problema. No hay ninguna alerta sanitaria sobre la soja, ni sobre el tofu o la bebida de soja, así que podemos utilizarla perfectamente.

El gluten es el demonio

Lo es para las personas celíacas o con sensibilidad al gluten. También para personas con patologías autoinmunes concretas u otras enfermedades. Pero para la población general, el gluten no es realmente un problema. El azúcar de los cereales del desayuno, en cambio, sí lo es. Lo ideal es que no nos limitemos a productos de bajo valor nutricional, como el pan y la pasta blanca de harinas refinadas, y compremos productos integrales.

El pan integral del súper es sano

La mayoría de panes industriales integrales en realidad llevan harina refinada y se le ha añadido el salvado pero no el germen, donde está la proteína que necesitamos. ¿Recordáis? Cuando en nutrición nos referimos a integral, en realidad queremos decir «de grano entero».

Vamos a prescindir de la patata, porque no nos aporta nada y engorda

La patata es un prebiótico bastante importante y, si la consumimos fría, tiene virtudes muy interesantes. No es un alimento del que abusar, pero tampoco debemos despreciarlo.

Las algas son supersanas

Prácticamente no veréis algas en mis propuestas de menú. Sin embargo, en algunos estilos de cocina vegetal, las algas están muy presentes y se aconsejan en grandes cantidades. La realidad es que el consumo de ciertos alimentos depende mucho de la zona donde vivamos. Las algas no forman parte de nuestra cultura gastronómica en España. Pregúntate si en tu zona las algas son algo habitual. Si bien es cierto que tienen muchos nutrientes interesantes, al mismo tiempo contienen un nivel de yodo muy alto. Altísimo. Tan alto que puede crearnos problemas de salud, como el hipertiroidismo. Así que, si no es un elemento tradicional de tu gastronomía local, descártalo.

¿Cómo me organizo las comidas?

La organización diaria

La base de una buena alimentación, además de disponer de la información correcta, es la organización. Incluso con pocos recursos, si dedicas un poco de tiempo a planificar las comidas y a hacer una lista de la compra meditada, podemos alimentarnos de forma saludable y cien por cien vegetal.

Crear un menú no tiene por qué ser excesivamente complicado, aunque, si no lo has hecho nunca, déjame recordarte algo: se aprende con ensayo y error. Además, no nos valdrá un menú único: tanto por los cambios de estación y la disponibilidad de los alimentos como por el cuidado de nuestra salud, tendremos que ir variando los platos y las preparaciones.

No te compres libros de recetas compulsivamente —algo que es difícil de frenar cuando empiezas a conocer este nuevo mundo de sabores—, ni intentes empezar por las recetas más complicadas. La teoría es mucho más simple que la práctica, así que debemos empezar por lo más sencillo.

La organización diaria nos resulta muy útil para no dejarnos nada importante. Sobre todo las cosas de las que tendemos a olvidarnos o que simplemente descuidamos. Las más habituales son:

- **Las piezas de fruta fresca y de temporada.** Nos las podemos llevar con nosotros, pueden ser nuestro tentempié o postre, y también son un gran desayuno. Los zumos, aunque sean naturales, no cuentan como fruta y debemos evitarlos.
- **La proteína.** En los inicios de una dieta vegetal, nos puede parecer imposible sustituir el filete de carne que se hace vuelta y vuelta, o la socorrida lata de atún para la ensalada. Los bocadillos sin queso ni fiambre también acaban por ser un dolor de cabeza. Todo esto no ayuda a que incluyamos suficiente proteína o que esta sea de calidad. La cuestión no es ingerir proteína en todas las comidas, sino sentarnos a planificar qué proteína de calidad podemos incluir en al menos dos comidas al día de forma sencilla y placentera. Aunque no sean comidas principales.
- **Vegetales frescos.** Cuando hace calor y necesitamos algo fresquito, es muy fácil recurrir a los vegetales frescos. Seguro que es cuando más te apetecen, la época en la que una ensalada te entra por los ojos. Sin embargo, llega el frío y se nos olvida que al menos una ración de los vegetales debe ser fresca y en crudo. ¡Recuerda que la patata no cuenta! Tenemos que in-

troducir vegetales y hortalizas de temporada en nuestro menú, pero no siempre en ensalada; también puedes preparar cremas frescas crudas. En España, el gazpacho es nuestro gran aliado.

- **La bebida principal debe ser el agua.** Ni infusiones, ni café, ni refrescos ni zumos. En una dieta vegetal con muchos crudos, ya tomamos una gran cantidad de agua, pero igualmente deberíamos acostumbrarnos a preferir el agua al resto de bebidas. Las bebidas alcohólicas no tienen ningún beneficio y no pueden compararse con el agua.

- **Sé realista. Es muy fácil caer en la trampa.** El papel lo aguanta todo, y nos olvidamos del tiempo que tenemos para cocinar, de las veces que podemos ir a comprar, de lo lejos que están las tiendas, de los imprevistos que surgen. Hay que tener en cuenta qué tiempo vas a dedicarle a la compra, a la cocina, qué horario de comidas real tienes y, también, cómo vas a transportar la comida si tienes que comer fuera de casa.

- **Cuidado con los superalimentos** y con cualquier moda. En general, no son necesarios. Suelen ser muy caros, lo cual no está reñido con que sean buenos y nutritivos. Es muy probable que, además, no sepas cómo usarlos. Muchas veces tienen nombres extraños, son frutas y verduras exóticas que quedan muy bien en las fotos de Instagram, pero que son carísimas y vienen en avión desde la otra punta del mundo.

La lista de la compra

Las comidas que acaban triunfando son el compromiso entre el menú, la lista de la compra y la compra que vas a poder hacer de verdad. ¿Esto qué significa? Pues que en tu lista de la compra debes poner todo aquello que está escrito en el menú. Pero, ¡no te olvides! También tendrás que adaptarla a la estacionalidad de los alimentos y a tus artes culinarias. Si tenemos una crema de calabaza y no hay calabazas, no pasa nada, ¡cambiemos a otra hortaliza! Ahora bien, cuidado con no acabar eliminando todos los alimentos proteicos, o todas las grasas saludables, o los vegetales frescos, porque eso sí que sería un problema.

Una vez llegamos a la tienda —bien porque un alimento se ha puesto carísimo o tiene mala pinta, bien porque se ha acabado o porque nos encontramos una oferta de otro que nos puede servir—, quizá tenemos que improvisar. Eso quiere decir que, si al final no puedes cocinar el menú planificado, simplemente harás la mejor aproximación posible.

Otra cuestión ya mencionada es el uso de procesados y ultraprocesados, que son aquellos alimentos que nos salvan cuando vamos mal de tiempo porque normalmente podemos consumirlos solo con calentar. En muchos países podemos encontrar quesos veganos, hamburguesas vegetales, helados y casi todo lo que podamos imaginar. Pero también es cierto que es probable que sean poco saludables, nada nutritivos y muy caros. Solo ahorraremos tiempo, en muchos de los casos, pero corremos el riesgo de perjudicar nuestra salud si son habituales en nuestra alimentación.

Con los procesados hay que tener más cuidado. Un bote de garbanzos o de frijoles es un procesado, pero si no tenemos tiempo para remojarlos y cocerlos, es una buena opción. También podemos comprar salsa de tomate frito ya cocinado (aunque suele llevar azúcar, grasas de bajo valor nutricional, exceso de sal y aditivos). A no ser que escojamos una salsa muy natural, siempre será mejor comprar tomates naturales, cebolla y puerro para hacer un sofrito de tomate. Si no tenemos tiempo, es mejor comprar una lata de tomate al natural, cebolla picada congelada y ajo en polvo. Hay versiones rápidas que nos ahorran tiempo y no dejan de ser saludables: no será la salsa más rica del mundo, pero es un básico que funcionará perfectamente.

En definitiva, tenemos que conseguir un compromiso entre la opción más saludable posible y el tiempo real del que disponemos. En este punto, es importante evitar la frustración que conlleva no llegar a todo lo que nos proponemos.

La lista de la compra más eficiente es aquella que tiene en cuenta las tiendas concretas en las que compras y cuándo vas. Puedes tener la lista de la compra más detallada del mundo, que si no consigues ir a todas las tiendas en el tiempo del que realmente dispones, no conseguirás tu menú. Evita la frustración y simplifica tanto la lista como los lugares a los que ir.

Haz una lista de la compra «digital» de ingredientes y pon al lado dónde pueden comprarse, ya que seguramente hay más de un sitio donde comprar algunas cosas. Después, ordena los ingredientes por comercios. Procura comprar en tiendas que vendan a granel, fruterías y, siempre que el tiempo lo permita, mercados en los que hay puestos de productores.

La compra semanal es muy importante, pero hay ingredientes no perecederos que podemos comprar una vez al mes (o incluso más si los conservamos correctamente), y así ahorramos tiempo y desplazamientos innecesarios. Agrupa los alimentos que vas a comprar, asegurándote de que no te vas a quedar nunca sin uno de ellos. Aquí puedes ver lo que nunca falta en mis compras y dónde las adquiero:

- **Legumbres, frutos secos, semillas, cereales, harinas**: tiendas de venta a granel. Suelo realizar una compra mensual o bimensual. En casa siempre hay legumbres secas de varios tipos, harina, cereales enteros integrales, copos de cereales para el desayuno,... Los conservamos en tarros herméticos y los tenemos a mano en la cocina. En épocas de calor, los conservamos en la nevera o bien compramos menos cantidad, incluso prescindimos de algunos frutos secos porque se enrancian muy fácilmente.
- **Fruta y verdura.** Tengo dos fruterías cerca de casa para verdura y fruta convencional. Cuando tengo tiempo, voy al mercado de productores semanal de mi zona, en domingo, y compro productos locales y ecológicos a un precio razonable. Intento que siempre sea compra a granel y sin envasar, para evitar el plástico, y llevando mis propias bolsas de tela, como hacía cuando era pequeña y acompañaba a mi madre a comprar con el carro y el canasto.
- **Verdura congelada.** Nuestra gran aliada para tener

siempre verdura disponible, cortada y lavada. Las verduras congeladas conservan prácticamente todos los nutrientes y beneficios y, en épocas en las que no podemos ir a comprar verdura fresca de forma habitual, nos aseguran que podamos disfrutarla en nuestros platos.

- **Tofu.** Por precio y por producto, lo compro en supermercados orientales, donde tienen tofu de producción local. El precio es imbatible, aunque no sea ecológico, y, si no tenemos muchos ingresos, es la mejor forma de conseguir proteína de calidad barata. En Europa, si se utiliza soja transgénica tiene que venir indicado en el envase, así que es muy fácil evitarla. El tofu se puede cambiar por las legumbres sin problemas, si no es fácil encontrarlo en nuestra zona.

- **Bebidas vegetales.** Aunque hago muchas en casa, siempre tengo leche de avena o de soja envasada. Elije la que mejor te funcione, sabiendo que son del todo prescindibles en nuestra dieta y que no se pueden comparar nutricionalmente a la leche de vaca.

- **Aceites.** Los compro en una cooperativa agraria. Debemos intentar escoger aceites poco procesados, prensados en frío y locales. Las grasas saludables son importantes en la dieta, y la diferencia entre un aceite de mala calidad y uno de buena calidad es enorme.

- **Vino, cerveza o alcohol.** Aunque no es habitual, y el consumo en mi caso es muy puntual, si tengo que comprar alcohol lo hago siempre en la bodega del barrio, ya que son expertos y nos orientan mejor. Ahora es más sencillo porque hay aplicaciones y webs que nos pueden ayudar a saber si una marca es apta, pero también podemos preguntar directamente.

- **Sustitutos veganos, estilo queso o embutidos.** Son fáciles de adquirir en tiendas veganas online si no te puedes desplazar a una física. Es una compra de capricho o bien de alimentos específicos difíciles de conseguir de otra forma. Tiene que ser un tipo de consumo muy puntual y, si no podemos obtenerlos, no pasa absolutamente nada.

¿Cómo sé si algo es vegano?

Seguramente, una de nuestras mayores preocupaciones es saber si lo que estamos comprando es realmente cien por cien vegetal. De hecho, ¿puede pasar que compremos un producto con ingredientes vegetales y luego resulte que en su proceso se usen sustancias animales? Por desgracia, sí, es algo que pasa en algunas industrias, como la del vino.

No te sientas culpable si lo descubres tarde, porque, como ya hemos dicho, no vivimos en un mundo vegano. Es muy complicado tenerlo todo bajo control, así que aprende de los errores y tenlo en cuenta para la próxima vez. Y si alguien se equivoca con algo que te parece muy obvio, recuerda que tú también te equivocaste en algún momento.

Para las bebidas alcohólicas, podemos consultar la web *www.barnivore.com*; para los aditivos, colorantes y número E, en general, también podemos buscar en webs especializadas. También tienes apps para iOS o Android que pueden ayudarte, así como foros en internet especializados en esto. Busca los de tu región; será más sencillo encontrar las marcas y las tiendas que tienes a mano que en foros internacionales.

Un apunte sobre las bebidas alcohólicas: la mayoría de las normativas al respecto no benefician a las personas veganas. Hay límites en los porcentajes de ingredientes que no tienen por qué especificar en las etiquetas y, además, uno de los grandes problemas, como ya sabemos, es el proceso de fabricación y las trazas; es decir, muchas bebidas alcohólicas son vegetales pero su proceso de clarificación no lo es.

Te encontrarás con aditivos que pueden ser de origen animal o de origen vegetal. En este caso, la mejor opción es preguntar a la marca o tratar de encontrar la respuesta en alguna página web o algún foro. También debes preguntarte a ti mismo si te conviene consumir un alimento del que no puedes descifrar fácilmente la etiqueta. Aunque hay aditivos con código E que son naturales, otros no son saludables y, al ser combinados como si fueran un cóctel en un alimento, hace que lo mejor sea dejarlo en el estante.

La cocina en el día a día

Realmente, aquí es donde vamos a fallar estrepitosamente la mayoría de las veces en nuestros primeros pasos (y donde en un par de meses lo tendremos todo absolutamente controlado). ¡No te desesperes! Casi todas las personas veganas nos hemos sentido perdidas esos primeros días en los que hay que hacer un cambio de 180 grados.

Paciencia y actitud positiva son los dos ingredientes principales para conseguir un objetivo que puede parecer lejano si decidimos hacer un cambio radical en muy poco tiempo: que nuestra cocina sea completamente vegetal.

Aunque no lo parezca, si nuestra transición es más lenta y pasamos por otras fases, como el vegetarianismo, tampoco será fácil: en ningún caso se trata de consumir lácteos y huevo para sustituir la carne y el pescado. Si haces eso, te alejarás mucho de una alimentación saludable y te será más difícil acercarte al veganismo.

El veganismo no debe ser, en ninguna circunstancia, un sacrificio y sufrimiento. En todo caso, cada paso que des hacia él es un logro personal ¡y cuenta! Si te estancas, busca inspiración en aquellas personas que tengan una visión parecida a la tuya para ayudarte.

Imaginemos que tenemos el menú y la lista de la compra, incluso hemos comprado todos los ingredientes para nuestro menú, pero no lo conseguimos. Yo misma, a pesar de todos los años que llevo con una alimentación basada en plantas y saludable, aún hay semanas en los que me ocurre: voy con prisas, no tengo la comida preparada y acabo recurriendo a cualquier cosa. Es decir, a procesados, a comidas mal equilibradas, a comer de más o, a veces, de menos. No es por falta de previsión en la compra o de planificación, sino por falta de inversión de tiempo en la cocina.

Aquí te desvelo un gran secreto: la diferencia entre ponernos las cosas fáciles o difíciles es tener comida saludable y apetecible ya preparada, o tener un montón de ingredientes, pero nada hecho.

Batchcooking *o cocinar de golpe*

¿Qué puedes tener preparado? Lo cierto es que hay muchas opciones. Es una gran idea cocinar todo lo posible en una tarde libre para que, durante la semana, al abrir la nevera, tengas un montón de comida preparada. Lo mismo ocurre con las hamburguesas, con seis u ocho hamburguesas tenemos para dos semanas, y tardamos casi lo mismo que en hacer una o dos, porque no hay que acabar de cocinarlas. Mientras, podemos cocer patatas y preparar una compota de manzana. ¡Así tendremos platos muy variados y que nos ayudarán a que no nos falte de nada!

Si para cocinar un seitán casero necesitamos una hora, en ese tiempo que tarda en cocerse podemos hacer arroz o pasta y poner verduras al horno. Es decir, con dos horas en la cocina podemos preparar varios básicos que, pese a ser bastante sencillos, en el día a día son imposibles de gestionar.

Aquí va una lista de las que conviene tener en la nevera:

- **Tofu marinado.** Si el tofu no te convence, marínalo para darle el sabor que más te guste. Al tenerlo casi listo, posponiendo solo la plancha, ahorrarás mucho trabajo.
- **Seitán fileteado o a trozos.** Tanto si lo guardamos en la nevera como en el congelador, es una de las opciones para sustituir al filete. Si tienes intolerancia al gluten, descártalo.

- **Crema de verduras**. Es ideal tener algo listo para consumir en la nevera y el resto en el congelador, en porciones individuales o pequeñas.
- **Caldo vegetal**. Muchas recetas usan caldo vegetal en su preparación y puede llevarnos tiempo prepararlo. Cuando cocines caldo, aprovecha para hacer la mayor cantidad posible y congelar la cantidad que no uses en el momento.
- **Guisos y cocidos**. Se trata de preparaciones que llevan un tiempo considerable. Si te gusta comer de cuchara, no tienes por qué echarlos de menos. Haz una buena cantidad, así tienes aseguradas algunas comidas y cenas. También puedes hacerlos sin la proteína, ya que la soja texturizada (hidratada), el tofu o el seitán (pasado por la plancha) se pueden añadir más tarde, tras calentarlos en una ollita o cazo (y así dejamos que cojan sabor).
- **Hoja verde limpia y troceada**. Si te gustan las ensaladas, deja las hojas ya preparadas en un tupper listas para consumir, y eso te ayudará a servir un plato de ensalada como acompañamiento.
- **Pasta cocida**. No te recomiendo hacer una gran cantidad, pero no hace falta cocer para un solo día. Si sabemos que vamos a llevarnos un tupper al trabajo o fuera de casa, podemos dejar hecha una cantidad razonable.
- **Cereales cocidos**. Especialmente si son integrales, tener cereales cocidos en la nevera es la gran salvación, junto con la pasta. En el caso de que sean integrales y haya que remojarlos antes, todavía tiene más

sentido, ya que nos llevan un trabajo considerable. Es recomendable que los enfriemos lo antes posible y los guardemos en la nevera rápidamente.

- **Verduras al horno.** Encender el horno puede darnos pereza. Pero si vamos a hacer un par de tandas de verduras, merece la pena. Escoge aquellas que más te gusten y tendrás una parte importante de tu comida lista para calentarla. También te servirán para preparar cremas o rellenar empanadas, ¡incluso para bocadillos!

- **Verduras cocidas.** Sucede exactamente lo mismo que en el caso anterior: las verduras cocidas aguantan bien en la nevera y podremos prepararnos un plato exprés sin olvidarnos de ellas porque «no tenemos tiempo». Además, en verano, son la base de las ensaladillas que se sirven frías, así que no tienes excusa.

- **Patés vegetales.** Si no sabes qué ponerle al pan, los patés vegetales serán tus aliados.

- **Hummus.** Sencillo de hacer y con muchas proteínas, se puede comer tanto con pan como con palitos de verduras y nos sirve para alegrar una ensalada o para darle untuosidad a un bocadillo. También es uno de esos platos que podemos llevar para picar si vamos a casa de familiares y amigos.

- **Legumbres cocidas.** Son la mejor opción para obtener proteínas vegetales diariamente. Si no nos gustan las conservas, cocer una olla grande de legumbres para toda la semana nos asegura no saltarnos la proteína.

- **Hamburguesas vegetales.** Aunque aquí ya tenemos

que ser algo más expertos, las hamburguesas vegetales con legumbre o soja, como el seitán o las croquetas de tofu, son opciones maravillosas para comer en diez minutos sin usar ultraprocesados. Y totalmente a nuestro gusto, ¿qué más podemos pedir?

Encontrarás cientos de recetas de sustitutos vegetales a comidas proteicas recurrentes. Las hamburguesas, choriveganos, seitanes, albóndigas o *nuggets* pueden ir directamente al congelador, así que podemos prepararlos cualquier día que tengamos tiempo.

Hazte tu propia lista, teniendo en cuenta que es mejor que dejemos los alimentos preparados por separado. Hay algunos que aguantan menos en la nevera y así, si se nos pasan de fecha, no tiraremos tanta comida. Como norma general, tener un tupper en la nevera de algo que hemos hecho hace más de cuatro días no es buena idea. El congelador hace que los alimentos duren más, pero no para la putrefacción, solo la ralentiza. Cuando lo guardes, todo debe estar bien indicado y con la fecha, ¡así no te olvidarás de las albóndigas tan ricas que te están esperando durante semanas!

El plato único

Cuando comemos de tupper o en la cena, muchas veces hacemos plato único. De hecho, muchas personas comen plato único en todas las comidas del día por costumbre o comodidad.

El plato único tiene muchas ventajas: es más fácil hacer un tupper, tenemos que pensar menos, cocinar menos, y es más rápido. El plato único tiene, no obstante, un problema: corremos el riesgo de excedernos con un grupo alimentario. Si comemos y cenamos así por costumbre, podemos olvidarnos de las verduras o las proteínas.

> Lo importante no es contar calorías ni nutrientes, sino que al final del día hayamos tomado todo lo necesario y a lo largo de la semana lo hayamos hecho con variedad.

En los menús que veréis habitualmente en todas partes, casi todas las comidas principales tienen dos platos. El postre siempre es opcional y es el momento ideal para comernos una fruta fresca de temporada, y no un dulce.

Hay dos factores a tener en cuenta con el plato único. Para empezar, las proporciones. Si cuando comemos con dos platos tenemos espacio de sobra para las verduras al horno y la ensalada, en un solo plato o en un tupper, la cantidad que podemos poner es mucho más pequeña. Tendemos a servir más pasta, patata, cereales o incluso proteínas que vegetales y hortalizas. El porcentaje de proteína puede ser más grande o desaparecer. Por ejemplo, en un plato de crema de verduras no tenemos proteína, y es la cena de mucha gente.

El otro gran problema son los vegetales crudos. Ya no solo porque su proporción baja mucho por espacio, sino porque muchas veces desaparece por completo. En ocasiones porque nos parece que hay verduras suficientes, otras porque no tenemos nevera donde dejarlo.

En tu planificación, debes ser consciente de que es imprescindible comer fruta fresca y vegetales en crudo, así que es probable que tengas que mover esta parte de la comida diaria a otras franjas horarias en que sí puedas tenerlas accesibles. Como solución última, te puedes preparar un smoothie de hoja verde (que no sea un zumo de naranja con hojas de espinacas diario: ¡un día está bien, muchos sienta mal!) o un gazpacho (sin pan y con el mínimo de aceite y sal).

Puesto que las proteínas y las legumbres pueden ser un problema en los platos únicos y en los tuppers, aquí van algunas ideas:

- **Pasta de legumbres.** Es una gran opción para las personas celíacas y se prepara en un momento. Si queremos comer un extra de proteínas, también es una buena opción. No nos olvidemos de que la legumbre es también rica en carbohidratos.
- **Tofu sedoso.** Podemos usar tofu normal pero no quedará tan rico: este es el tofu más suave y se puede batir. No te aconsejo que lo comas crudo. Lo podemos añadir a las cremas o hacer una salsa.
- **Yogur de soja.** Lo puedes usar para preparar una salsa para tu ensalada o como postre. ¿Quieres darle algo de gracia? Añádele compota casera, frutos secos y semillas.
- **Semillas de cáñamo peladas.** Un par de cucharadas rasas y tenemos la proteína resuelta. Deberemos vi-

gilar el contenido en grasa del plato, porque, aunque sean grasas buenas, también tenemos que poner un límite.

- **Legumbre en puré o hummus.** Podemos añadirlos a las ensaladas o usarlos de salsa aligerados con agua, caldo o leche vegetal.
- **Proteína vegetal en polvo.** Hay productos de este estilo con un perfil nutricional muy bueno, veganos y bien de precio que, por supuesto, no son la opción ideal, pero sacan de un apuro. En un viaje a un lugar donde difícilmente encontremos opciones, agradeceremos este último recurso.

Prepara tu buddha bowl

¿Comeremos pasta con verdura o verdura con pasta? Si bien en un plato tradicional de comida casera nos cuesta integrar estas proporciones, sobre todo si hacemos un plato único, en un *buddha bowl* lo tenemos mucho más fácil.

Es una de las últimas tendencias y parece increíble que esté de moda algo tan sencillo y sano; se trata de hacer un único plato lleno de comida saludable y equilibrada:

1. Elije tus hojas verdes favoritas (puede ser lechuga o cualquier otra verdura) y córtalas en juliana o con las manos. No es necesario dejar la hoja entera.
2. Pon una ración de arroz o de los cereales que más te gusten, hervidos.
3. Añade verduras a la brasa o crudas. Si son crudas,

podemos usar un espiralizador o un pelador para que queden finas y sea más agradable comerlas.

4. Corta unos dados de tofu fresco o añade una taza de legumbre cocida.

5. Prueba a espolvorear semillas molidas, añadir pipas de calabaza y frutos secos a tu gusto.

6. Por último, termina añadiendo un aliño saludable y ligero, que puedas llevar aparte si comes fuera. ¡Listo!¡Así de fácil!

Menús *imperfectos*

Con tantos cambios, la comida se convertirá durante un tiempo en el centro de nuestras preocupaciones: leer etiquetas, aprender nombres de ingrediente no aptos, introducir nuevos alimentos, eliminar otros...

Un buen menú semanal es clave para una buena inmersión en las dietas vegetales. La meta es comer lo más saludable y apetitoso posible sin que sea un sacrificio constante. Alimentarse de forma saludable es muy importante, pero no debe convertirse en un problema cuando las opciones son menos saludables, o cuando simplemente te apetece darte un capricho. Debe existir un equilibrio entre comer de forma saludable y ser capaces de disfrutar de un bollo, una pizza o una tarta sin sentir remordimientos. Comer no solo es alimentarse: hay que disfrutar del momento, del ambiente y de la compañía. Los requerimientos nutricionales de cada persona dependen de su edad, estatura, condición física, actividad física y otras variables. Por eso aquí no se detallan todos los alimentos de las recetas ni las cantidades.

Adaptar los platos a nuestras preferencias, sin obviar las necesidades nutricionales y de salud, es más sencillo si tenemos una referencia. Los menús que podéis encontrar a continuación se han pensado como comidas caseras para cualquier día de la semana y son simples propuestas de cómo puede ser un menú cien por cien vegetal.

A continuación, vas a encontrar:

- Un menú semanal con 5 comidas diarias.
- Un menú con 3 comidas diarias.
- Un menú semanal para semanas con días festivos.
- Un menú sin gluten.
- Un menú de 3 días de dieta blanda.
- Un menú «más verde», con platos crudos.

No todas las recetas que se encuentran en los menús están en el recetario. La mayor parte son muy sencillas, adaptaciones de recetas tradicionales o bastante conocidas. Este tipo de recetas son fáciles de encontrar en libros de cocina vegetarianos o en internet. ¡Hazlas tuyas!

Consideraciones generales

- El desayuno y la ingesta a media mañana pueden ser intercambiadas.
- No tenemos la obligación de tomar el desayuno nada más levantarnos; desayunar más tarde es una opción sana. El desayuno puede ser el mismo cada día, pero tendremos que compensar el resto de comidas.

- Si se elimina el desayuno completamente, hay que reconfigurar el día para que esté equilibrado. La merienda, por ejemplo, se puede hacer más copiosa.

- Las frutas y las verduras que aparecen pueden ser siempre reemplazadas por las opciones vegetales locales y de temporada que haya disponibles.

- Se combinan recetas de diferentes estaciones, para tener ideas durante todo el año.

- Idealmente, es mejor realizar un desayuno o una comida copiosa y una cena más ligera, pero dependerá de nuestro estilo de vida.

- La cena, con un horario convencional, debería ser a las 21:00 h, o antes.

- Si cambias un plato por otro, revisa si tiene más o menos raciones de las necesarias para la suma del día.

- Los aliños también cuentan: que sean saludables y en su justa medida.

- Las grasas saludables son necesarias, y no deben desaparecer del menú. Acude a un dietista titulado para que ajuste la pauta a tus necesidades si crees que puede ser de ayuda. Hay patologías que pueden requerirlo.

- ¡No te olvides de los probióticos! Para no tener que tomarlos en formato suplemento, puedes añadirlos a tu menú. Deben ser caseros o sin pasteurizar.

- Seguramente estos menús no se adaptarán del todo a tus necesidades. Puede que haya demasiada comida, que te quedes con hambre o que no te gusten muchos de los ingredientes propuestos. Úsalos simplemente como guía.

Menú de 5 comidas

En este caso, se ha tratado de adaptar un menú clásico omnívoro a una dieta vegetariana estricta, apta para personas veganas. Puede servir también como ejemplo de comidas y combinaciones para personas que estén reduciendo el consumo de productos animales.

No hay un modo preferible de realizar este menú: se puede combinar de varias formas distintas, ya que muchos platos son intercambiables. En cualquier caso, para hacerlo de manera «correcta», hay que recordar y comprobar las raciones que son convenientes por día. También es importante que un alimento, como puede ser la soja o la pasta, se repita en todas las comidas, sin dejar de mantener la variedad.

En este menú, y en los siguientes, la fruta está colocada casi siempre entre las comidas principales. Sin embargo, cuando forma parte del desayuno, podemos tomar algo distinto entre horas: un yogur vegetal, frutos secos, barritas de cereales o un pequeño bocadillo. También son buenas opciones los tomatitos y los palitos de zanahoria, así como los batidos verdes, si necesitamos mucha energía. Estos últimos sacian especialmente y ayudan a llegar sin hambre a la comida o la cena.

Por último: ¡busca la versión más saludable posible de cada receta!

	Lunes	Martes	Miércoles	Jueves	Viernes	Sábado	Domingo
Desayuno	Tostadas de pan integral de espelta con tomate y aguacate + Té o infusión	Porridge de avena con bebida vegetal y compota de manzana	Muesli de cereales sin azúcar con frutos secos y bebida de avena	Tostada de pan integral con tomate, germinados y aceite de oliva + Té o infusión	Pan integral con mantequilla de cacahuete sin azúcar + Infusión	Tortitas de avena y plátano con sirope de agave y arándanos + Té o infusión	Batido de bebida vegetal con cacao crudo en polvo + Pan integral con crema de avellanas y cacao casera
Media mañana	Fruta de temporada y un puñado de frucos secos	Frutos secos + Té o infusión	Fruta de temporada + Infusión, café o té	Yogur vegetal con frutos secos	Frutos secos + Infusión, café o té	Frutos secos y fruta fresca + Infusión, café o té	Fruta fresca + Infusión, café o té
Comida	Hamburguesa de legumbres con patatas + Ensalada variada de temporada	Garbanzos con espinacas y tallarines con verduras al wok	Buddha bowl de arroz con tofu y ensalada con piña	Pasta con boloñesa de proteína de soja o guisante texturizada + Ensalada de hojas variadas con mango y chucrut	Lentejas estofadas con verduras + Fruta de temporada	Sopa de verdura y canelones de seitán	Guacamole con totopos + Croquetas vegetales + Tortilla vegana
Merienda	Yogur vegetal con fruta + Infusión	Fruta + Infusión, café o té	Yogur vegetal con frutos secos + Infusión	Fruta + Infusión, café o té	Yogur vegetal + Infusión	Café con bebida vegetal, té o infusión	Yogur vegetal con frutos secos + Infusión
Cena	Filete de seitán con verduras al horno	Tempeh con verduras al horno	Albóndigas de avena y soja texturizada con salsa de tomate	Hummus y guacamole con crudités	Pizza vegetal con tofu/soja texturizada/ seitán y ensalada de tomate	Tosta de pan con paté de olivas + Crema de calabacín con semillas de cáñamo y germinados	Tempeh de soja marinado y verduras a la plancha

Menú de 3 comidas

La cantidad de veces que se come depende de la persona y de la situación. Una opción es hacer solo tres comidas.

En este menú se ha adaptado el anterior para mostrar cómo pasar de cinco comidas diarias a tres. Así resolveremos las dudas más habituales:

- Hay que distribuir las raciones en menos ingestas, aumentando la cantidad o añadiendo otra ración de un alimento distinto.
- El desayuno puede ser a primera hora o más tarde.
- La pieza de fruta, el yogur o los frutos secos de media mañana pueden pasar a cualquier otro momento del día.
- Al no comer de formar tan regular, es necesario tomar alimentos que den energía y llenen para no llegar con hambre a la siguiente comida.
- Del mismo modo que se puede pasar de cinco a tres comidas, también se puede pasar de cinco a seis o siete. Esto puede ser más complicado, ya que se trata de reducir los platos de las comidas principales por *snacks* que podamos llevar con nosotros: frutos secos, fruta, hummus con palitos de verdura, pequeños bocadillos, etc.
- Los «picoteos» o *snacks* cuentan como comidas. Planificar un menú de tres ingestas y descubrirnos picoteando cada dos por tres indica que las recetas no sacian, que había poca cantidad o que, nuestro organismo responde mejor a las cinco ingestas. Escucha a tu cuerpo: cada uno es diferente.

	Lunes	Martes	Miércoles	Jueves	Viernes	Sábado	Domingo
Desayuno	Tostadas de pan integral de espelta con tomate y aguacate + Té o infusión	Porridge de avena con bebida vegetal, compota de manzana y nueces + Infusión	Pan integral con crema de avellanas y cacao casera + Yogur vegetal	Tostada de pan integral con tomate, tahina y aceite de oliva + Té o infusión	Bocadillo de hummus, germinados y hojas verdes + Infusión	Tortitas de avena y plátano con sirope de agave y arándanos + Infusión o café o té	Batido de bebida vegetal de soja con cacao crudo en polvo + Galletas caseras
Comida	*Buddha bowl* de arroz con tofu y ensalada con piña + Yogur vegetal con frutos secos	Garbanzos con espinacas y tallarines con verduras al wok + Fruta fresca	Hamburguesa de legumbres con patatas y ensalada de hojas verdes y manzana/ciruelas/mango	Pasta con boloñesa de proteína de soja o guisante texturizada + Ensalada de hojas variadas con chucrut + Fruta fresca	Lentejas estofadas con verduras + Fruta de temporada	Sopa de verduras y canelones de seitán + Café con bebida vegetal	Frutos secos + Guacamole con totopos + Croquetas vegetales + Tortilla vegana + Fruta fresca
Cena	Filete de seitán con verduras al horno + Fruta de temporada	Tempeh con verduras al horno y tahina	Albóndigas de avena y soja texturizada con salsa de tomate + Fruta fresca	Hummus con crudités + Macedonia	Pizza vegetal con tofu/soja texturizada/seitán y ensalada + Fruta fresca	Tosta de pan con paté de olivas + Crema de calabacín con semillas de cáñamo y germinados	Tempeh de soja marinado y verduras a la plancha

Menú de semana festiva

Hay momentos del año en los que comer de forma saludable es muy difícil... Por ejemplo, la Navidad concentra todas las dificultades posibles: comida tradicional muy calórica, encuentros familiares muy seguidos, cenas de empresa, reencuentros con amigos, surtido de alimentos navideños en las tiendas, consumo elevado de alcohol... Es una época de excesos.

Las tradiciones navideñas son diferentes según el país y la región donde residamos. Por lo tanto, los platos tradicionales serán distintos, así como los días a celebrar. Hay tradiciones religiosas en las que lo común es preparar, en días señalados, cantidades desmesuradas de comida y caprichos gastronómicos, pero estos banquetes festivos no tienen por qué ser una bacanal de calorías. Es un momento para comer platos más elaborados, sí, pero también podemos moderar la cantidad que ingerimos. Asimismo, nos puede ayudar limitar la cantidad de aperitivos y postres. Las bases para no romper con nuestros hábitos saludables son, principalmente, dos:

- ¡No comer como si se acabase el mundo!
- No compensar comidas con ayunos mal planificados.

Aunque es cierto que en contados días del año se puede prescindir de algún grupo alimentario, mi consejo es que prepares una comida o una cena más ligera que la otra, con presencia de vegetales variados, pero... ¿podrás convencer a los tuyos?

	Lunes	Martes	Miércoles	Jueves	Viernes	Sábado	Domingo
Desayuno	Porridge de avena con bebida vegetal y frutos rojos	*Wrap* de maíz con hummus, lechuga, tomate y maíz con aceite de oliva	Bocadillo de untable de anacardos y verduras al horno	Batido verde y puñado de frutos secos	Pan integral con tomate y aguacate + Café con bebida vegetal	Tosta integral con crema de cacao casera + Café + bebida vegetal con cacao	Smoothie verde
Media mañana	Fruta fresca + Infusión o té	Fruta fresca + Infusión o té	Fruta fresca + Infusión o té	Fruta fresca + Infusión o té	Fruta fresca + Frutos secos + Infusión	Fruta fresca + Infusión o té	Fruta fresca + Infusión o té
Comida	Estofado de seitán con guisantes y patata + Fruta fresca	Ensalada de col con manzana y zanahoria + Filete de seitán con puré de patata casero	Sopa de verduras + Tofu marinado a la plancha	Sopa de pasta, albóndigas de proteína vegetal, filete de soja texturizada con setas, dulces de Navidad	Estofado de lentejas con verduras y arroz	Parrillada de verduras de temporada + Filete de seitán a la pimienta con patatas panaderas	Croquetas de setas y tofu *silken* al horno + Judías, brócoli, pimento y cebolla al wok
Merienda	Yogur vegetal con frutos secos + Infusión	Fruta fresca + Infusión o té	Fruta fresca + Infusión o té	Se alarga la comida, la merienda son los postres	Fruta fresca + Infusión o té	Fruta fresca + Infusión o té	Fruta fresca + Infusión o té
Cena	Ensalada de pasta de legumbres con judías y zanahorias al wok y tofunesa con encurtidos	Puré de verduras con semillas de cáñamo	Patés vegetales, frutos secos, sustitutos del marisco y el embutido, redondo de seitán relleno de verduras y frutos secos	Puré de verduras + Yogur vegetal	Verduras al papillote + Legumbres cocidas salteadas con pimentón	Crema de calabaza + Canelones de seitán y setas con bechamel + Dulces de Navidad o pastel casero	Timbal de quinoa y berenjena escalivada

Sin lugar a dudas, otra cuestión peliaguda es cómo tratar con la familia y los amigos durante estos banquetes... hablaremos sobre esto más adelante, cuando analicemos tu nueva vida vegana.

Menú para dieta blanda

La dieta blanda debe ser siempre pautada por un profesional sanitario. Es el ejemplo perfecto de dieta terapéutica: debemos acudir al médico, después obtener un diagnóstico y, como parte del tratamiento, nos recetarán una pauta alimentaria concreta durante un espacio de tiempo; en el caso de la dieta blanda, será de dos a tres días.

Es posible que cuando le digamos al médico que no consumimos carne, pescado, lácteos o huevos, no sepa aconsejarnos. Aunque es un tipo de dieta terapéutica muy común, al mismo tiempo parece un imposible de cumplir si seguimos dietas vegetales en nuestras vidas diarias. Por suerte, ya hay guías y recomendaciones específicas que nos ayudan, como las de Aitor Sánchez (*Mi dieta cojea*)[*] y Lucía Martínez (*Vegetarianos con-ciencia*).[**]

A pesar del nombre, una dieta blanda no implica que todo lo que incluya sea blando o triturado, sino que tendremos que escoger alimentos que dan poco trabajo al estómago. Por ello, durante estos días se eliminarán:

---

[*] *Mi dieta cojea*, Ediciones Paidós Ibérica, Barcelona, 2017.
[**] *Vegetarianos con ciencia*, Arcopress Ediciones, Córdoba, 2016.

	1.er día	2.° día	3.er día
Desayuno	Pan blanco con una fina capa de aguacate + Leche de arroz	Pan blanco con una fina capa de aguacate + Leche de almendras	Avena cocida con leche de arroz
Media mañana	Compota de manzana + Infusión	Manzana o pera al horno + Infusión	Compota de manzana casera sin azúcar con pan blanco tostado
Comida	Pasta blanca cocida con tofu blanco cocido y zanahoria cocida con un chorrito de aceite	Tofu blando a la plancha y puré de patata cocida con aceite de oliva vigen	Caldo de verdura con arroz blanco + Tofu blanco cocido
Merienda	Avena cocida con leche de almendras y plátano muy maduro	Manzana al horno sin piel + Infusión	Arroz con leche de arroz sin azúcares añadidos y fruta cocida
Cena	Puré de guisantes con patata + Caldo de verduras	Puré de verdura + Seitán al horno o a la plancha	Puré de lentejas peladas + Calabaza cocida

- Los cereales integrales.
- Las legumbres enteras.
- La fruta fresca.
- Los vegetales crudos, sobre todo las crucíferas como el brócoli o la col.
- Los encurtidos.
- Y, por supuesto, el café, el alcohol, los fritos, los ultraprocesados, los refrescos y el picante.

Es un momento para escuchar a nuestro cuerpo, comer en pequeñas cantidades y solo aquello que nos siente bien.

Esta propuesta de tres días puede servir como guía, pero, como decimos, siempre es recomendable consultar con personal sanitario si los alimentos propuestos son los indicados en nuestro caso.

Menú sin gluten

Las personas celíacas, las que tienen sensibilidad al gluten y todas aquellas que, por sus patologías, tienen contraindicada la ingesta de gluten, también pueden ser veganas. Si para muchas personas reducir únicamente el consumo de carne ya es complicado, eliminar también el gluten puede parecer una barrera insalvable.

Sin embargo, este menú pretende demostrar que se puede comer vegano, sin gluten y sin renunciar a la variedad y al sabor.

Se ha evitado usar las opciones sin gluten que suelen

sustituir el pan, las galletas, la bollería y la pasta (a excepción de la pasta de legumbres) porque suelen ser muy poco saludables y, además, muy caras. De forma ocasional, pueden ser un remedio viable en momentos en los que no hay elección.

Opciones para un menú vegano sin gluten

- Los cereales sin gluten, como el trigo sarraceno y el arroz, aunque pueda resultar extraño, son perfectamente válidos para acompañar un guiso o desayunar.
- Las harinas de maíz, arroz y garbanzo pueden servir para hacer masas, cremas, salsas y rebozados.
- Las tortillas de maíz pueden sustituir el pan.
- Para evitar recurrir siempre a la patata, se recomienda cambiarla en algunas recetas por batata o yuca.
- La pasta de arroz o de legumbres, más proteica, sustituye a la pasta tradicional. Otra opción económica son los fideos de arroz o de batata orientales.

La contaminación cruzada

La contaminación cruzada afecta especialmente a las personas celíacas y con alergias. Si cocinamos para estas personas, es importante tener en mente algunas consideraciones:

- Las harinas sin gluten y los cereales deben comprarse embolsados y no a granel.

- Antes de empezar a cocinar, hay que realizar una limpieza completa de la cocina y de los utensilios que emplearemos.
- Se empieza a cocinar los platos para las personas alérgicas, se protegen o se reservan en tuppers y, posteriormente, se cocina el resto del menú.
- Es preferible emplear utensilios de cocina fabricados con materiales que no permitan la transferencia de partículas.
- Los alimentos envasados no pueden llevar el alérgeno ni entre sus ingredientes ni como trazas. Ante la duda, escoge otra opción.
- Normalmente, la avena se considera no apta para celíacos a no ser que esté etiquetada como «sin gluten».
- La salsa de soja contiene gluten entre sus ingredientes.
- Es preferible alertar a la tienda o al restaurante de nuestras alergias cuando realicemos pedidos o compras online.

	Lunes	Martes	Miércoles	Jueves	Viernes	Sábado	Domingo
Desayuno	*Wrap* de tomate, lechuga y aguacate en tortilla de maíz	Vaso de trigo sarraceno cocido con chia, leche de almendras y fruta fresca o compota	Porridge de avena sin gluten con compota de fruta natural y leche de coco	Tortillas de maíz con hummus y verduras al horno + Infusión	Arroz con leche de coco y piña/ mango/fruta fresca	Bizcochito de harina de teff con cacao + Café con leche vegetal	Crepes de trigo sarraceno con crema de cacao y almendras casera + Café con leche vegetal
Media mañana	Fruta fresca + Frutos secos + Infusión	Fruta fresca + Frutos secos + Infusión	Fruta fresca + Infusión	Fruta fresca + Frutos secos + Infusión	Tortitas de arroz/maíz con compota casera + Infusión	Fruta fresca + Infusión	Fruta fresca + Infusión
Comida	Berenjena rellena de verduras, soja texturizada y bechamel vegana sin gluten	Burrito de tortilla de maíz con frijoles, soja texturizada, maíz dulce, hojas verdes, tomate, cebolla	Garbanzos con espinacas y cebolla + Timbal de trigo sarraceno con setas	Sopa Dhal de lentejas con verduras y arroz integral	Tempeh de garbanzos con batata al horno + Ensalada de espinacas con naranja, nueces e hinojo encurtido	Patés vegetales con crudités + Arroz caldoso con verduras	Nachos de maíz con guacamole y queso vegano + Croquetas de setas y tofu con harina de garbanzos y maíz
Merienda	Fruta fresca + Infusión	Fruta fresca + Infusión	Yogur vegetal + Infusión	Fruta fresca + Infusión	Yogur de soja + Frutos secos + Infusión	Fruta fresca + Frutos secos + Infusión	Fruta fresca + Infusión
Cena	*Buddha bowl* de quinoa, tofu ahumado, setas, hojas verdes, tomate, zanahoria y nueces	Sopa de verduras con fideos de arroz, dados de tofu, setas, col china y maíz	Ensalada de lentejas, rabanitos, pimiento rojo, tomate y arroz integral	Hamburguesa de legumbres + Verduras de temporada	Pasta de legumbres con pesto de semillas de cáñamo y verduras a la plancha	Sopa de zanahorias/calabaza + Tofu marinado a la plancha	Gazpacho o crema de calabacín + Albóndigas de soja texturizada

Menú superverde

En este libro no hemos profundizado en la dieta crudivegana, dieta cada vez más popular que consiste en alimentarse de vegetales en su estado más natural: crudos. Pero veamos algunas pinceladas.

Lo cierto es que es muy complicado llevar una dieta crudivegana si no estamos debidamente convencidos: la clave del éxito es la motivación para alimentarse sano. Algunas personas que llegan a las dietas vegetales buscan una alimentación sin ultraprocesados, ni cocciones en general: el horno, la plancha, el vapor, el hervido o las frituras de todo tipo quedan fuera de la ecuación. Cualquier proceso que supere los 42 °C queda excluido, porque, además de temperatura, se pierden las propiedades de los alimentos.

Para preparar alimentos crudiveganos, se necesitan una serie de electrodomésticos que nos ayuden a conseguir variedad de texturas y preparaciones. Por lo tanto, no sirven muchos de los que se tienen en una cocina convencional, como el horno o el microondas. En cambio, son de gran utilidad:

- Una batidora de vaso de gran potencia, que no necesite prácticamente líquido para funcionar.
- Un germinador.
- Una deshidratadora.
- Un espiralizador de verduras.

Desafortunadamente, muchos de los productos de las recetas crudiveganas no se pueden encontrar en cualquier tienda o supermercado, así que cuando salgamos a comprar notaremos la diferencia.

Las cantidades en la dieta crudivegana son muy distintas de lo que estamos acostumbrados. Se ingiere una gran cantidad de vegetales, en especial de hoja verde y de hortalizas, por lo que hay que tener todo en cuenta a la hora de planificar bien lo que se come a lo largo del día.

Hay quienes realizan una dieta crudivegana parcial, con al menos el 70% de alimentos crudos y el resto de los alimentos cocinados de forma saludable. De ahí la intención de este menú, que no es crudivegano, pero sí tiene un elevado número de platos donde los alimentos crudos son los protagonistas. Los alimentos cocinados, como el arroz o el pan, se podrían cambiar por cereales germinados o pan crudivegano de semillas, respectivamente.

	Lunes	Martes	Miércoles	Jueves	Viernes	Sábado	Domingo
Desayuno	Batido verde de espinacas, lechuga y 1 naranja con pulpa	Copos de avena con chía molida, bebida vegetal y frutos secos	Batido con col verde, pepino, zanahoria y jengibre	Tosta con untable de nueces de macadamia y bebida vegetal con cacao puro	Batido de papaya, aguacate y pepino	Bebida vegetal con cacao puro crudo + Tosta de cereales con crema de almendras	Mousse de cacao con aguacate y almendras picadas + Infusión
Media mañana	Yogur de soja con frutos secos + Infusión o café o té	Fruta fresca + Infusión o café o té	Avena con leche de almendras y fruta fresca + Infusión o café o té	Fruta fresca + Infusión o café o té	Yogur de soja con frutos secos + Infusión o café o té	Fruta fresca + Infusión o café o té	Fruta fresca + Infusión o café o té
Comida	Tofu ahumado a la plancha + Ensalada de col	Ensalada de arroz con hojas verdes, frutos secos, germinados, tomate, calabacín, pimiento y vinagreta de mostaza	Espaguetis de calabacín y zanahorias con salsa cruda de tomate, piñones y edamame al vapor	Brócoli y zanahorias al vapor con salsa de tahina, garbanzos cocidos especiados y cuscús	Ensalada de hojas verdes, encurtidos, germinados de legumbres, hummus y biscotes de cereales	Hamburguesa vegetal con hummus, tomate y espinacas en pan integral + Patatas al horno	Guacamole con crudités + Burrito de frijoles, arroz y vegetales crudos
Merienda	Fruta fresca + Infusión o café o té	Fruta fresca + Infusión o café o té	Fruta fresca + Infusión o café o té	Fruta fresca + Infusión o café o té	Fruta fresca + Infusión o café o té	Fruta fresca + Infusión o café o té	Fruta fresca + Infusión o café o té
Cena	Bulgur integral con verduras al vapor con salsa cruda de tomate, albahaca, almendras y ajo	Crema de espárragos y judías verdes + Tempeh de garbanzos	Lasaña de calabacín (sin pasta) con verduras al wok, tomate natural, frutos secos y semillas de cáñamo	Batata al horno y col kale con pesto de cáñamo y encurtidos vegetales	Pizza de masa integral con verdura, salsa de tomate casera y queso vegano	Setas al horno con legumbres cocidas salteadas y semillas	Cuscús de coliflor con hojas verdes y tempeh a la plancha

Recetario

Cambiar toda nuestra alimentación, aunque sea en una transición larga, puede resultar complicado. Para que no te quedes sin ideas y te resulte más llevadero, aquí tienes una pequeña compilación de recetas fáciles que te ayudarán a inspirarte y probar cosas nuevas. No te preocupes si no tienes todos los ingredientes o si algo no te gusta: ¡experimenta y hazlas tuyas!

Preparaciones básicas

Leche de arroz

Hay que consumir las bebidas vegetales antes de dos días después de su preparación. Se conservan muy bien en botellas de cristal de cierre hermético en la nevera.

Ingredientes para 2 litros
- 200 g de arroz integral o blanco
- 2 l de agua
- 2 cucharadas de aceite de oliva virgen extra
- 2 dátiles sin hueso

Elaboración
1. Lavar bien el arroz.
2. Llevar el agua a ebullición.
3. Cuando rompa el hervor, añadir el arroz y remover.
4. Subir el fuego hasta que vuelva a hervir para luego bajarlo al mínimo.
5. Dejar cocer durante unas 2 horas con la tapa puesta.
6. Remover el fondo para que no se queme.
7. Apagar el fuego y esperar unos minutos a que se enfríe.
8. Pasarlo todo por la licuadora con el aceite y los dátiles o endulzantes al gusto.
9. Si está muy espeso, añadir un poco más de agua y volver a batir.
10. Colar con una malla para bebidas vegetales.
11. Al servir, se le puede añadir canela.

El arroz es un gran olvidado en los desayunos, a pesar de lo saludable y conveniente que es por su digestibilidad. Además, se trata de una bebida vegetal muy baja en grasas. Es de gran ayuda si la bebida de soja resulta pesada o indigesta.

Bebida de nueces de macadamia

La mayoría de las bebidas vegetales de semillas se hacen así. Puedes probar con anacardos o almendras hasta encontrar la que más te guste.

Ingredientes para 2 litros
- 150 g de nueces de macadamia peladas
- 1 l de agua
- 1 o 2 dátiles

Elaboración
1. Remojar los frutos secos en agua como mínimo una noche. Si es más tiempo, cambiar el agua cada 8 horas.
2. Retirar el agua y enjuagar.
3. En una batidora o un procesador de alimentos, batir todos los ingredientes hasta que no haya rastro de las nueces. Debe quedar una crema espesa.
4. Colar con una bolsa para leches vegetales o utilizando un colador de tela de algodón muy fina.
5. Reservar todo el residuo sobrante, la *okara*, para la receta de quesito vegetal.
6. Conservar en una botella de cristal de cierre hermético en la nevera.

Untable de nueces salado

Ingredientes
- La *okara* reservada de la receta anterior.
- Ajo en polvo
- Orégano
- Levadura nutricional
- Sal
- Pimienta negra molida
- Bebida vegetal (opcional)

Elaboración
1. Mezclar en un bol una pizca de sal, ajo, orégano, pimienta y levadura nutricional al gusto, que dará a la mezcla el sabor característico del queso.
2. Añadir al recipiente la *okara* y mezclar bien.
3. Amasar y dar la forma que más te guste.
4. Si se obtiene una textura demasiado seca, añadir una o dos cucharaditas de postre de la leche vegetal casera y volver a amasar.
5. Se conserva durante pocos días; consumir con rapidez.

Se puede hacer una versión dulce, sin sal ni especias, con un poco de sirope o melaza y mermelada casera.

Smoothie verde

Los smoothies no son zumos, sino bebidas cremosas hechas a partir de frutas y verduras frescas que pueden combinarse con bebidas vegetales, helado o hielo. Se pueden hacer riquísimas combinaciones, dependiendo de lo que te apetezca o la época del año en la que estés.

Ingredientes
- Un puñado de acelgas
- 1 pepino mediano
- 2 hojas de lechuga trocadero
- 1 manzana verde

Elaboración
1. Lavar todos los ingredientes, especialmente las hojas de lechuga.
2. Descorazonar la manzana y trocearla.
3. Pelar el pepino y trocearlo.
4. Introducir todos los ingredientes en una batidora y triturar con la menor cantidad de agua posible.

Zoodles de calabacín y zanahorias

Los zoodles, o noodles vegetales, son fideos de vegetales crudos. Son muy populares en las dietas crudiveganas y se hacen en un momento. Se pueden consumir como la pasta, con alguna salsa, o en ensalada.

Ingredientes
- 1 calabacín
- 1 zanahoria
- 1 remolacha (opcional)

Elaboración
1. Si los vegetales son ecológicos, lavar con un cepillo para verduras y secar bien. En caso contrario, pelar.
2. Lavar la remolacha antes de pelarla.
3. Retirar las partes que no vayas a comer, como tallos.
4. Con un espiralizador, convertir los vegetales en fideos. También se puede utilizar un pelador.
5. Colocar en un escurridor, juntos o por separado, mientras se prepara la salsa.
6. Si no se quieren consumir crudos, se pueden escaldar unos minutos en agua caliente o saltear en el wok con unas gotas de aceite y unas cucharadas de agua.
7. Para servir, añadir a la ensalada o colocar en un plato y salsear.

Verduras al horno

Ingredientes
- Champiñones
- Calabacín
- Pimiento rojo
- Berenjena
- Hinojo
- Aceite de oliva

- Tomillo (opcional)
- Sal

Elaboración

1. Precalentar el horno a 220 °C.
2. Lavar bien las verduras, incluidas las setas.
3. Cortar las partes que no se van a cocinar del pimiento, la berenjena y el hinojo (quitando la primera capa).
4. Cortar las verduras con un grosor parecido. Por ejemplo, si se parte el calabacín en rodajas, hacer lo mismo con la berenjena.
5. Partir los champiñones en dos o laminarlos acorde al resto de verduras.
6. Colocar las verduras en una fuente o en una bandeja con papel parafinado.
7. Poner por encima un poco de sal, el tomillo y un chorrito de aceite de oliva (las verduras no tienen que quedar secas de aceite, pero tampoco grasas).
8. Hornear a 200 °C vigilando que no se quemen las verduras.
9. Colocarlas en una bandeja según se vayan haciendo. Ninguna debe quedar quemada o ennegrecida.
10. Al abrir el horno se pierde temperatura, así que conviene agrupar las verduras en bandejas o recipientes de horno para retirarlas cuando ya estén cocinadas.

Patatas a la panadera

Ingredientes para 4 personas
- 1 kg de patatas
- 2 cebollas blancas
- 2 ajos
- 1 vaso de vino blanco
- 1 manojo de perejil
- Aceite de oliva virgen
- Sal
- Pimienta negra molida

Elaboración
1. Precalentar el horno a 180 °C.
2. Lavar el perejil, retirar los tallos y picarlo.
3. Pelar los ajos y picarlos junto al perejil en un mortero.
4. Pelar las cebollas y cortarlas muy finas.
5. Pocharlas ligeramente en una sartén y reservar.
6. Lavar y pelar las patatas.
7. Cortarlas en rodajas no muy finas, con algo de grosor.
8. Freír ligeramente las patatas en la sartén, con unas gotas más de aceite.
9. Colocar las patatas en un recipiente de horno, salpimentar y agregar la picada de ajo y perejil y el vino blanco.
10. Hornear durante 20 o 30 minutos.
11. Comprobar si está debidamente jugoso y, si no, añadir agua.

12. Las patatas estarán listas cuando estén completamente blandas. Servir como guarnición.

Caldo de verduras casero

Ingredientes
- 4 zanahorias
- 1 calabacín
- 1 nabo
- 1 puerro
- 1 cebolla
- 1 patata grande
- 1 rama de perejil
- 1 hoja de laurel
- 2 dientes de ajo
- 2 l de agua
- 2 cucharadas de aceite de oliva virgen
- 1 cucharadita de sal

Elaboración
1. Lavar las zanahorias, el calabacín y el nabo.
2. Pelar las zanahorias, la patata, el ajo y el nabo.
3. Trocear todos los vegetales.
4. En una olla alta, calentar dos cucharadas de aceite de oliva.
5. Rehogar el ajo, la cebolla y el puerro, hasta que la cebolla esté transparente.
6. Añadir el resto de los ingredientes, incluyendo el agua.

7. Hervir a fuego bajo durante aproximadamente 1 hora.
8. Retirar el perejil y el laurel.
9. Colar las verduras y reservar para un puré, junto a un vaso de caldo.
10. Rectificar de sal si es necesario.
11. Guardar en la nevera o congelar.

Brócoli al vapor

La importancia de cocinar algunas verduras y hortalizas de forma correcta reside en que, de otra forma, no se aprovecharía totalmente sus nutrientes.

Ingredientes
- 1 brócoli

Elaboración
1. Cortar los ramilletes del brócoli y lavarlos.
2. Reservar el tronco para un puré de verduras.
3. Cocer al vapor durante 3 minutos, máximo 4.
4. Parar la cocción con agua fría con hielo.
5. Escurrir y reservar en la nevera para utilizar posteriormente.

Soja texturizada gruesa

Ingredientes
- 200 g de soja texturizada gruesa
- Caldo de verduras suave

- 2 cucharadas de aceite de olivas
- Sal
- Pimienta negra molida
- Especias al gusto (opcional)

Elaboración

1. Hidratar la soja texturizada con el caldo de verduras muy caliente, entre 1 y 10 minutos según la marca.
2. Escurrir bien la soja texturizada, eliminando todo el agua.
3. En el cuenco con la soja, añadir un par de cucharadas de aceite de oliva y mezclar.
4. Si te gustan, añadir un poco de sal y especias.
5. Amasar para que queden bien fijadas.
6. Freír a la plancha o al horno.

Salsas y untables

Vinagreta de mostaza

Ingredientes
- 2 cucharadas soperas de aceite de oliva virgen
- 1 cucharadita de mostaza de Dijon
- 1 cucharadita de vinagre
- 1 cucharada de zumo de limón
- 1 cucharada de sirope de agave

Elaboración
1. Mezclar todos los ingredientes en un cuenco pequeño.
2. Para suavizar, se puede añadir otra cucharada de aceite de oliva virgen.
3. Reservar para usar en ensaladas y bocadillos.

Veganesa básica

Ingredientes
- 100 ml de leche de soja
- 250 ml de aceite de oliva suave
- Zumo de limón al gusto
- Una pizca de sal
- 1 diente de ajo

Elaboración
1. Añadir todos los ingredientes y empezar a batir desde abajo.
2. Una vez la mezcla tenga consistencia, mover la batidora de mano arriba y abajo lentamente.
3. Corregir de sal antes de servir.
4. Se conserva en la nevera en un recipiente hermético durante 2 días.

Tofunesa

Ingredientes para 4 raciones
- 200 g de tofu *silken*
- 2 cucharadas de aceite de oliva virgen
- ½ diente de ajo
- 1 cucharada de zumo de limón
- 1 cucharada de vinagre de manzana
- Una pizca de sal
- Cebollino (opcional)

Elaboración
1. Triturar todos los ingredientes menos el cebollino con una batidora de mano.
2. Probar y corregir de sal.
3. Picar el cebollino y utilizar como decoración.

Pesto vegano

Ingredientes para 2 personas
- 50 g de hojas de albahaca fresca
- 50 g de piñones
- 1 cucharada de levadura nutricional
- 40 ml de aceite de oliva virgen extra
- 1 cucharada de agua caliente (opcional)
- 1 diente de ajo
- Sal
- Pimienta negra molida

Elaboración
1. Lavar las hojas de albahaca.
2. Triturar todos los ingredientes en la batidora.
3. Añadir el agua caliente en caso de necesitarlo.
4. Probar y corregir de sal.
5. Batir bien hasta obtener una salsa bien ligada y sin grumos.

Salsa fresca de yogur

Ingredientes
- 1 yogur vegetal sin azúcares añadidos
- 1 cucharada de aceite de oliva virgen extra
- 2 cucharadas de vinagre de manzana
- 1 pimiento pequeño
- Hojas de menta
- 1 diente de ajo
- Sal
- Pimienta negra molida

Elaboración
1. Lavar las hojas de menta y picarlas finas.
2. Pelar el diente de ajo y machacarlo.
3. Mezclar todos los ingredientes con un tenedor.
4. Salpimentar y corregir si es necesario.

Hummus de alcachofa

Ingredientes
- 250 g de garbanzos cocidos escurridos
- 150 g de corazones de alcachofa cocida
- 1 cucharada de tahina
- El zumo de ½ limón
- 1 cucharada de aceite de oliva
- 1 diente de ajo
- Sal
- Pimentón dulce
- Aceite de oliva virgen

Elaboración

1. Introducir en la batidora todos los ingredientes menos el pimentón dulce.
2. Añadir agua poco a poco, o bien el propio líquido de los garbanzos si estos son eco.
3. Triturar hasta que tenga consistencia de crema o paté.
4. Servir en un recipiente pequeño.
5. Decorar con pimentón dulce y un chorrito de aceite de oliva virgen.

Guacamole proteico

Ingredientes

- 1 aguacate maduro pelado y deshuesado
- 1 cucharada de semillas de cáñamo peladas (o no peladas y cocidas)
- 1 tomate
- 1 pimiento
- 1 cebolla
- 1 cucharadita de chile en polvo
- Una pizca de sal
- Cilantro fresco, al gusto

Elaboración

1. Pelar el aguacate y retirar el hueso.
2. Aplastar la pulpa del aguacate con un tenedor.
3. Añadir las semillas de cáñamo.
4. Lavar y cortar las hojas de cilantro muy finas.

5. Lavar y cortar a dados el tomate, el pimiento y la cebolla.
6. Añadirlos al aguacate, junto a la sal, el chile en polvo y el cilantro.
7. Mezclar bien.
8. Servir con totopos.
9. Para conservar en la nevera, usar el hueso del aguacate, poniéndolo en el centro del recipiente, y zumo de limón por encima del guacamole.

Salsa de patata estilo «queso»

Ingredientes
- 1 patata grande o 2 medianas
- 2 cucharadas de levadura nutricional colmadas
- Orégano
- 2 cucharadas de aceite de oliva
- 2 cucharadas soperas de agua o caldo vegetal suave
- Sal
- Pimienta negra molida

Elaboración
1. Pelar y cocer la patata cortada en dados en agua con sal.
2. Introducir todos los ingredientes menos el agua en la batidora.
3. Añadir el líquido según la consistencia esperada.

Sobrasada vegana

Ingredientes
- 100 g de tomates deshidratados
- 80 g de almendras sin piel
- 1 cucharadita de ajo en polvo
- ½ cucharadita de comino en polvo
- 3 cucharaditas de pimentón dulce
- 100 ml de aceite de oliva
- Sal
- ½ cucharadita de pimienta negra molida

Elaboración
1. Hidratar los tomates durante 2 horas, hasta que estén blandos.
2. Ponerlo todo en un vaso y batirlo.
3. Guardar en la nevera.

Entrantes y ensaladas

Encurtidos vegetales

Ingredientes para varios tarros diferentes
- Zanahorias
- Pepino
- Nabo
- Ramilletes de brócoli
- Cebollitas

Líquido para encurtir
- 2 medidas de agua
- 1 medida de vinagre de manzana
- ½ cucharada sopera de sal para cada ½ litro de líquido (agua y vinagre)
- Semillas de mostaza o pimienta entera, o semillas de enebro (opcional)

Elaboración
1. Lavar bien los vegetales.
2. Para conservar la piel, frotar con un cepillo específico para esta tarea. Si no, retirarla.
3. Escaldar las verduras en agua hirviendo unos minutos, pasar por agua fría y escurrir bien.
4. Colocar las verduras en botes de cristal con tapa hermética, dejando al menos un dedo hasta el cierre. Se pueden poner por tipos o hacer mezclas, al gusto.
5. Verter la mezcla de líquido para encurtir cubriendo las verduras. Los ingredientes pueden prepararse por separado o mezclados, al gusto.
6. Dejar reposar durante al menos 2 días.
7. Para un encurtido rápido que sea consumido el mismo día, duplicar el vinagre, cortar las verduras en bastoncitos o rodajas y dejarlas sumergidas unas horas.

Ensalada de patata

Ingredientes para 2 raciones
- 500 g de patata
- 200 g de soja texturizada gruesa
- 2 zanahorias
- 50 g de maíz cocido
- 50 g de judías verdes
- Veganesa al gusto

Elaboración
1. Preparar la soja texturizada tal cual se explica en el apartado de preparaciones básicas.

2. Lavar las patatas, las judías verdes y las zanahorias.
3. Pelar y cortar a dados las patatas y las zanahorias.
4. Cortar las judías verdes.
5. Cocer los vegetales para que queden al dente (se pueden hacer por separado).
6. Dejarlos enfriar.
7. En un bol, mezclar las judías, las patatas, las zanahorias, el maíz y la soja texturizada.
8. Añadir la veganesa al gusto y mezclar con cuidado.
9. Reservar en la nevera y servir a temperatura ambiente.

Falsa ensalada caprese

Ingredientes para una ración
- 100 g de tofu firme
- 2 tomates de ensalada
- 1 cucharada de aceite de oliva
- Hojas de albahaca fresca
- 1 limón
- Sal
- Orégano

Elaboración
1. Envolver el tofu con un paño y ponerle peso encima para que pierda agua.
2. Secar bien el tofu con el paño y cortarlo a láminas finas.
3. A estas láminas ponerle el zumo de limón y la sal, y dejar que se maceren en la nevera toda la noche.

4. A la mañana siguiente, con el tofu ya listo, cortar en láminas el tomate. Intercalar una lámina de tofu con una de tomate y una hoja de albahaca fresca.
5. Para finalizar, echar un chorrito de aceite de oliva y ponerle el orégano por encima.

Ensalada de quinoa y aguacate

Ingredientes para la ensalada
- 200 g de quinoa
- 1 aguacate
- 200 g de rúcula
- 1 tomate
- 1 pimiento rojo pequeño
- 100 g de champiñones
- 1 cebolla roja mediana
- 50 g de nueces
- Sal

Ingredientes para el aliño
- 4 cucharadas de aceite de oliva virgen
- El zumo de 1 limón
- ½ cucharadita de chile en polvo
- Sal

Elaboración
1. Lavar la quinoa con agua abundante para retirar la saponina.
2. Cocerla con una pizca de sal. Escurrir y reservar.

3. Lavar y trocear el tomate y el pimiento en dados pequeños.
4. Pelar y trocear la cebolla.
5. Pelar el aguacate, retirar la semilla y cortarlo en cubos.
6. Lavar la rúcula y ponerla en un bol grande.
7. Colocar todos los ingredientes en el bol y mezclar.
8. Mezclar los ingredientes del aliño y verter en la ensalada. Mezclar bien.
9. Laminar los champiñones.
10. En una plancha con unas gotas de aceite, cocinar los champiñones hasta que cojan un poco de color.
11. Servir la ensalada, añadiendo los champiñones templados y las nueces a cuartos por encima.

Ensalada de naranja, cebolla y hojas verdes

Ingredientes para 2 raciones
- 1 naranja
- 1 granada
- Un puñado de hojas de espinacas
- Un puñado de canónigos
- Nueces peladas
- Vinagreta de mostaza

Elaboración
1. Pelar la naranja, retirando también la piel blanca.
2. Separar los gajos.

3. Cortarlos a lo largo, en dos o tres partes.
4. Lavar las hojas verdes y escurrirlas bien.
5. Partir las nueces en cuartos.
6. Desgranar la granada (por ejemplo: presionarla con fuerza sobre la mesa mientras rueda; después, cortar por la mitad y separar los granos).
7. Colocarlo todo en un bol, con las hojas verdes debajo.
8. Añadir la vinagreta de mostaza antes de servir.

Wrap vegetal de arroz y alubias

Ingredientes para 2 raciones
- 4 tortillas de maíz o trigo
- 100 g de alubias cocidas o frijoles, o judías pintas
- 100 g de arroz integral cocido
- 50 g de maíz dulce

Ingredientes para la salsa
- 1 tomate grande muy maduro
- 1 puñado de hojas verdes, lechuga, espinacas y col
- 1 cebolla
- Orégano
- Comino
- Sal
- Pimienta negra molida
- 2 cucharadas de aceite de oliva
- Salsa picante (opcional)

Elaboración

1. Lavar y picar el tomate (reservamos el agua), las hojas verdes, la cebolla y las especias.
2. Colocar todos los ingredientes en un bol y añadir el aceite de oliva y la salsa picante.
3. Disponer en recipientes el maíz, el arroz y las legumbres cocidas para que estén a temperatura ambiente.
4. Calentar las tortillas.
5. Colocarlas en una superficie plana para rellenarlas.
6. Poner los ingredientes a lo largo del centro de la tortilla, añadir salsa al gusto, cerrar y ¡a comer!

Tortilla de patatas con cebolla

El sustituto del huevo que usamos es una taza de harina de garbanzos y una taza de harina de trigo.

Ingredientes para una tortilla mediana
- 700 g de patata
- 200 g de cebolla
- 1 taza de harina de garbanzos
- 1 taza de harina de trigo
- Aceite de oliva virgen
- Sal

Elaboración

1. Lavar bien y pelar las patatas, en este orden. Trocearlas en dados no muy grandes para que se frían de forma uniforme.

2. Cortar también las cebollas en daditos, una vez peladas.

3. En una sartén honda, con una buena cantidad de aceite de oliva virgen, freír las patatas y la cebolla hasta que estén doradas. Si hace falta, hacerlo por tandas.

4. Colocar las patatas y la cebolla fritas y escurridas en un bol grande, y reservar el aceite que nos ha quedado.

5. Tamizar los dos tipos de harina, ponerlas en un bol y añadir agua poco a poco hasta que quede una masa pegajosa y un poco líquida. La cantidad de agua depende de la harina.

6. Integrar la mitad de la masa en el bol de las patatas, añadir sal y remover con una espátula.

7. Integrar poco a poco el resto de la mezcla de harinas.

8. Poner 2 o 3 cucharadas del aceite de freír las patatas y mezclar.

9. Verter todo lo que haya en el bol en la misma sartén de freír las patatas, ya engrasada.

10. Cocinar a fuego bajo hasta que esté cuajada.

11. Dar la vuelta con un plato, poner una cucharada de aceite a la sartén y colocar la tortilla por el lado sin hacer.

12. Si la tortilla es muy gruesa y no se puede saber cómo está cocinado el interior o se ha hecho a fuego más bien fuerte y el interior está crudo, se le pueda dar un golpe de horno.

13. Una vez dorada por los dos lados, dejar enfriar a temperatura ambiente antes de servir.

14. Con un poco de sal *kala namak* por encima antes de servir se consigue el gusto a huevo, pero sin huevo.

Buddha bowl tropical

Ingredientes
- Tofu firme
- 100 g de arroz integral cocido
- 2 o 3 hojas de lechuga romana
- 2 rodajas de piña fresca
- Cebolla roja
- ½ aguacate
- Cebollino (opcional)
- Aceite de oliva suave
- Brotes de alfalfa (neutros) o nabo (picantes)

Para el aliño
- 60 ml de aceite de oliva
- 50 ml de vinagre de manzana
- El zumo de 1 lima
- 1 cucharadita de sirope de agave
- 1 cucharadita de salsa de soja

Elaboración
1. Cortar el tofu en dados medianos.
2. Cocinar el tofu en una plancha caliente con unas gotas de aceite, dándole la vuelta, durante unos minutos.

3. En la misma plancha, con el fuego alto, hacer la piña durante 3 minutos.
4. Pelar la cebolla y cortarla en dados pequeños.
5. Lavar la lechuga y trocear con las manos.
6. Pelar el aguacate, retirar la semilla y cortar una mitad en dados. Reservar el resto con el hueso para otra preparación.
7. Colocar en el fondo de un bol la lechuga con la cebolla, en un lateral el arroz, a su lado los dados de tofu y al otro el aguacate.
8. En el espacio sobrante, colocar la piña.
9. Mezclar todos los ingredientes del aliño y añadirlos en el momento de servir con el cebollino picado y los brotes por encima.
10. Mezclar para comer con más facilidad.

Purés y sopas

Puré de calabaza

Ingredientes para 4 raciones
- 500 g de calabaza
- 3 zanahorias grandes
- 1 puerro
- 1 cebolla
- Agua o caldo vegetal
- 3 cucharadas soperas de aceite de oliva
- Sal
- Nuez moscada

Elaboración
1. Lavar el puerro y quitarle la raíz y la parte más verde.
2. Cortar en trozos grandes.
3. En la olla donde se va a realizar la cocción, añadir 1 cucharada de aceite y rehogar la cebolla y el puerro.

4. Pelar las zanahorias, la cebolla y la calabaza.
5. Cortar en dados grandes todas las verduras.
6. Añadir el resto de los vegetales troceados en la olla.
7. Cubrir con agua y cocinar a fuego medio durante unos 30 minutos.
8. Retirar del fuego y añadir sal y una pizca de nuez moscada.
9. Añadir el aceite de oliva virgen y triturar.
10. Batir hasta que emulsione, añadiendo algo más de aceite de oliva si es necesario.

Puré de patata cremoso

Ingredientes para 4 raciones
- 1 kg de patatas
- 4 cucharadas de aceite de oliva virgen extra
- 150 ml de bebida de soja sin azúcares añadidos
- 50 ml de nata líquida de soja para cocinar
- Sal
- Pimienta negra molida

Elaboración
1. Pelar y trocear las patatas.
2. Cocinarlas en una olla con agua abundante hasta que estén blandas, unos 20 minutos aproximadamente.
3. Poner en un recipiente el aceite, la nata líquida, la sal y la pimienta.

4. Calentar la bebida de soja en un cazo a fuego medio, sin que hierva.
5. Añadir la bebida de soja al resto de ingredientes.

Mezclar todo con un tenedor. Para una textura más fina, utilizar un pasapurés o una batidora de mano.

Puré de verduras del caldo

Esta receta es ideal hacerla una vez preparado el caldo de verduras. Si no lo vamos a consumir al momento, podemos congelar.

Ingredientes
- Vegetales cocidos en el caldo
- 1 vasito de caldo
- 20 ml de nata vegetal (opcional)
- Sal
- Pimienta negra molida

Elaboración
1. Retirar alguno de los vegetales si no te gustan.
2. Triturar los vegetales con el caldo.
3. Añadir la nata vegetal para conseguir una textura más cremosa.
4. Salpimentar al gusto, teniendo en cuenta que el caldo ya contenía sal.

Sopa de zanahorias

Ingredientes
- 250 g de zanahorias
- 1 puerro
- 1 cebolla
- 125 g de patatas
- 2 cucharadas de tomate triturado
- Agua o caldo de verduras
- Aceite de oliva virgen
- Sal

Elaboración
1. Limpiar y picar muy fino el puerro, las zanahorias y la cebolla.
2. Rehogar en una olla alta con un chorrito de aceite durante 15 minutos, a fuego bajo.
3. Pelar y cortar las patatas en pequeños cubos.
4. Añadir el tomate y las patatas, y cubrir con caldo suave de verduras o agua.
5. Cocinar a fuego bajo durante 10 o 15 minutos, con la tapa puesta.
6. Darle el punto de sal antes de apagar el fuego y servir.

Crema de judías verdes y tofu

Ingredientes para 4 raciones
- 200 g de judías verdes
- 200 g de tofu

- 80 g de champiñones o setas de temporada
- 3 cucharadas de aceite de oliva virgen
- Caldo vegetal casero
- 1 cucharadita de pimentón ahumado
- Una pizca de sal
- Lino molido (opcional)
- Germinados (opcional)

Elaboración
1. Lavar y trocear las judías verdes.
2. Cocer en agua con sal las judías verdes. Retirar antes de que estén blandas.
3. Limpiar bien los champiñones.
4. Laminar los champiñones.
5. En una sartén caliente con unas gotas de aceite, sofreír los champiñones.
6. Batir el tofu, los champiñones y las judías verdes con el aceite de oliva, el pimentón ahumado, la sal y un vaso de caldo vegetal.
7. Añadir más caldo si es necesario y corregir de sal.
8. Servir en un bol y decorar con el lino molido y los germinados.

Sopa de lentejas

Ingredientes para 4 raciones
- 500 g de lentejas castellanas o pardinas (menos tiempo de cocción)
- 1 cebolla grande

- 2 zanahorias
- ½ manojo de apio mediano
- 2 tomates maduros
- 2 dientes de ajo
- 1 puerro
- 2 cucharadas de aceite de oliva
- Comino
- 1 o 2 hojas de laurel
- 1 cucharadita rasa de pimentón de la Vera (picante o dulce, según gustos)
- Sal

Elaboración

1. Poner en remojo las lentejas durante la noche anterior.
2. Al día siguiente, escurrir las lentejas. Reservar.
3. Pelar y picar muy fino la cebolla, el puerro y el ajo.
4. Picar todo lo anterior muy fino.
5. Sofreír en una cazuela, con 1 cucharada de aceite de oliva.
6. Mientras tanto, lavar los tomates y trocearlos en cubos.
7. Pelar y cortar en cubos pequeños las 2 zanahorias.
8. Añadir a la cazuela el tomate, las zanahorias y el laurel.
9. Sofreír durante unos minutos y remover para que no se queme.
10. Añadir las lentejas y volver a remover bien.
11. Cubrir con agua abundante hasta que la cazuela esté llena, pero sin rebosar.
12. Añadir la sal, el comino y el pimentón de la Vera.

13. A fuego fuerte, romper el hervor y cocinar durante 1 hora a fuego lento.
14. Remover cada cierto tiempo.
15. Añadir agua si es necesario.
16. El tiempo total dependerá del tipo de lenteja. Comprobar la consistencia.

Sopa miso vegetal

La receta original lleva *dashi*, un caldo de pescado que es la base de muchos platos japoneses. Para hacerla vegetariana, se usa caldo de verduras.

Esta receta no contiene alga *kombu* por su elevado contenido en yodo.

Ingredientes para 2 personas
- 80 g de tofu firme
- 50 g de setas shitake o champiñones
- Caldo de verduras
- 1 tira de alga *wakame*
- 1 cebolleta
- 2 cucharadas de *shiro miso* (miso blanco)
- ½ litro de caldo vegetal

Elaboración
1. Cortar el tofu en dados pequeños. Reservar.
2. Lavar las setas y laminarlas. Reservar.
3. Lavar el alga *wakame*, hidratar y cortar en pequeños trozos.

4. Limpiar la cebolleta y cortar en rodajas muy finas.
5. En un cazo, calentar el caldo vegetal.
6. Añadir el alga *wakame*, el tofu y las setas.
7. Cocer durante 10 minutos.
8. Añadir la cebolleta.
9. Apagar el fuego y disolver el miso en el caldo caliente.
10. Servir en cuencos.

Platos elaborados

Pasta Alfredo con coliflor

Ingredientes para 2 personas
- 200 g de pasta integral
- 150 g de coliflor
- 200 ml de bebida de avena
- 1 diente de ajo
- 1 cucharada de aceite
- 1 cucharadita de vinagre de manzana
- Aceite de oliva suave
- 1 cucharada de levadura nutricional (opcional)
- Sal
- Pimienta negra molida

Elaboración
1. En una olla grande, cocer la pasta en agua abundante con una pizca de sal. Reservar.
2. Lavar y trocear la coliflor.

3. Cocinar la coliflor al vapor durante 10 minutos.
4. Pelar y picar el diente de ajo.
5. En una sartén con aceite caliente, dorar el ajo picado.
6. Triturar la coliflor con el ajo dorado, el vinagre de manzana, una pizca de sal y un toque de pimienta. Añadir la levadura nutricional y la bebida de avena.
7. Para conseguir una textura fina y sin grumos, utilizar una batidora de mano.
8. Mezclar la pasta con la salsa caliente y servir.

Tofu marinado rápido

Ingredientes para 4 o 5 raciones
- 400 o 500 g de tofu firme (un paquete)
- 200 ml de agua
- 1 cucharadita de orégano
- 1 cucharadita de cúrcuma en polvo
- ½ cucharadita de ajo en polvo
- ½ cucharadita de comino en polvo
- 2 cucharadas de aceite de oliva
- Sal
- 1 cucharadita de pimienta negra molida

Elaboración
1. Cortar el tofu en dados gruesos o láminas de un dedo de grosor.
2. En un bol, colocar todos los ingredientes del marinado menos el aceite de oliva y la sal.
3. Mezclarlos bien.

4. Añadir el tofu y mezclar con cuidado de no romperlo.
5. Reservar en la nevera durante al menos 2 horas.
6. En una sartén, añadir 2 cucharadas de aceite y el tofu marinado.
7. Dejar que se reduzca el contenido de la sartén hasta que el tofu coja color.
8. Corregir de sal y servir.

Revuelto de tofu con espárragos trigueros

Ingredientes para 2 personas
- 200 g de tofu blando
- 250 g de espárragos trigueros
- 1 cucharada de aceite de oliva
- ¼ de cucharadita de cúrcuma en polvo
- Una pizca de pimienta negra molida
- Una pizca de sal *kala namak*

Elaboración
1. En un mortero, machacar el tofu.
2. Añadir la cúrcuma y la pimienta, remover y mezclar.
3. Limpiar el manojo de espárragos trigueros, cortándolos en dos o tres partes.
4. En una sartén caliente, añadir el aceite y luego la mezcla de tofu y los espárragos.
5. Cocinar hasta que estén hechos los espárragos, removiendo para que no se quemen.
6. Antes de servir, cuando ya esté templado, añadir sal *kala namak*.

Canelones veganos de seitán

Ingredientes para 4 raciones
- 20 placas de canelones sin huevo (todo un paquete)
- 150 g de seitán
- 200 g de setas
- 1 calabacín
- 1 cebolla
- 1 diente de ajo
- Salsa de tomate casera
- Aceite de oliva
- Romero y albahaca (o pimienta negra y orégano) al gusto
- Sal

Ingredientes para la bechamel
- 1 l de bebida de soja u otra bebida vegetal sin azúcares añadidos
- 80 g de harina integral
- 5 cucharadas de aceite de oliva suave
- ½ cucharadita de nuez moscada
- Sal

Elaboración
1. Picar el seitán lo más pequeño y fino posible.
2. Limpiar bien las setas.
3. Trocearlas y picarlas pequeñas.
4. Repetir los dos últimos pasos con la cebolla, el calabacín y el ajo.
5. En una sartén, sofreír todos los vegetales con un chorro de aceite de oliva.

6. Cuando la cebolla esté transparente, añadir el seitán picado.
7. Cuando ya esté cocinado, añadir la salsa de tomate casera, la sal y las especias y remover.
8. Retirar del fuego, colocar en un bol y reservar.
9. Para preparar la bechamel, tostar la harina en una sartén con 1 cucharadita de aceite.
10. Al mismo tiempo, calentar la bebida vegetal en un cazo.
11. Cuando la harina haya cogido algo de color, añadir la bebida de soja, una pizca de sal y la nuez moscada.
12. Remover durante unos 15 minutos, hasta que cuaje.
13. Precalentar el horno a 180 °C.
14. Cocinar las placas en agua abundante en una olla grande el tiempo que indique su envase.
15. Escurrirlas y colocarlas separadas.
16. Rellenar con la mezcla de vegetales y enrollar con forma de canelón. Es importante no rellenar en exceso para poder cerrarlos convenientemente.
17. Colocar los canelones en una fuente de horno y cubrir con la bechamel.
18. Hornear hasta que la bechamel está hecha y bien cuajada.
19. Si se ha añadido pan rallado o queso vegano antes de hornear, esperar a que se gratine.
20. Servir aún caliente.

Espinacas con garbanzos

Ingredientes para 2 raciones
- 400 g de garbanzos
- 350 g de espinacas
- 1 cebolla grande
- 2 dientes de ajo
- 4 cucharadas de tomate triturado
- Aceite de oliva virgen
- Sal
- Pimienta negra molida
- Comino molido
- Pimentón dulce (opcional)

Elaboración
1. Remojar los garbanzos durante la noche anterior.
2. Escurrirlos y cocerlos en una olla con agua abundante y sal hasta que estén tiernos. Reservar.
3. Escaldar las espinacas durante 3 minutos en agua hirviendo.
4. Enfriarlas rápidamente y reservar.
5. Pelar el ajo y la cebolla y trocear.
6. En una sartén caliente con aceite de oliva, pochamos la cebolla y el ajo con el pimentón, el comino y el tomate triturado. Añadir una pizca de sal y otra de pimienta.
7. Remover durante unos minutos, hasta que esté cocinado.
8. Añadir las espinacas y rehogar unos minutos.
9. Incorporar los garbanzos y remover.
10. Servir caliente en un plato hondo.

Arroz caldoso de verduras

Ingredientes para 4 raciones
- 300 g de arroz bomba
- 1 l de caldo vegetal
- 1 pimiento verde
- 1 zanahoria
- 1 cebolla grande
- 1 brócoli pequeño (los ramilletes)
- 1 diente de ajo
- 3 tomates
- Aceite de oliva virgen
- Sal
- Pimienta negra molida
- 4 hebras de azafrán (opcional)

Elaboración
1. Lavar bien el brócoli, el pimiento y la zanahoria.
2. Cortar en juliana el pimiento y la zanahoria.
3. Cortar los ramilletes de brócoli en cuartos o por la mitad y reservar el tronco para puré.
4. Pelar y picar la cebolla y el ajo.
5. Pochar todas las verduras menos el brócoli en una cazuela con 1 cucharada de aceite de oliva virgen.
6. Añadir el arroz y saltearlo durante 3 o 5 minutos.
7. Añadir el caldo y el azafrán molido.
8. Remover para que los sabores se integren.
9. Salpimentar.
10. Cocinar a fuego bajo durante 15 minutos.
11. Añadir el brócoli y remover.

12. Probar y corregir de sal.
13. Cocinar durante 5 minutos más, comprobando que el arroz está en su punto.
14. Servir inmediatamente para que el arroz no se pase.

Croquetas de setas

Ingredientes
- 200 g de níscalos u otras setas frescas
- 1 cebolla blanca mediana
- 200 g de harina de trigo integral
- 1 l de bebida de soja
- Perejil fresco
- Harina de garbanzo
- Pan rallado
- Sal

Elaboración
1. Limpiar los níscalos.
2. Picarlos finos, igual que la cebolla y el perejil.
3. Pocharlo todo en una sartén caliente con 1 cucharada de aceite de oliva.
4. En una sartén limpia, dorar la harina de trigo durante unos minutos.
5. Añadir la harina de trigo, sal al gusto y la bebida de soja a la sartén de las setas.
6. Remover bien para que se integre.
7. Cocinar a fuego lento, removiendo, hasta que se evapore el líquido y quede una pasta.

8. Colocar en un recipiente la pasta de croquetas hasta que esté a temperatura ambiente.
9. Dejar que se enfríe en la nevera durante al menos 1 hora.
10. Dar forma a las croquetas con las manos.
11. Mezclar la harina de garbanzo con agua hasta que nos quede una masa algo espesa, pero líquida y pegajosa.
12. Mezclar el pan rallado con perejil limpio y picado y colocarlo en un plato.
13. Pasar las croquetas por la masa de harina de garbanzo, como si fuese huevo.
14. Empana las croquetas con la mezcla de pan rallado y perejil.
15. Freír u hornear las croquetas hasta que estén doradas.

Carnes vegetales

Seitán casero

Ingredientes
- 300 g de gluten de trigo
- 50 g de pan rallado
- 150 ml de tamari o de salsa de soja
- 1 sobre de levadura química
- 1 cucharada rasa de cebolla en polvo
- 1 cucharada rasa de ajo en polvo
- 1 cucharadita rasa de pimienta negra molida, orégano u otras especias
- Caldo vegetal casero

Elaboración
1. Verter en un bol grande el gluten, el pan rallado, las especias, la levadura y el ajo y la cabolla en polvo.
2. Mezclar bien con una cuchara o con la mano.
3. En un cazo pequeño, calentar el caldo de verduras con el tamari o la soja.

4. Añadir poco a poco el líquido en el bol.
5. Amasar con las manos limpias hasta que quede toda la parte seca bien incorporada. Cortar por la mitad y hacer dos bolas.
6. Llenar una olla grande con agua o caldo vegetal hasta ¾ partes de su capacidad y llevar a ebullición.
7. Bajar el fuego y añadir el caldo con el tamari o la soja sobrante
8. Introducir las dos bolas de seitán.
9. Cocinar a fuego bajo durante al menos 1 hora.
10. Dar la vuelta a las bolas al menos 2 veces.
11. Escurrir el seitán.
12. Cortar las bolas en 2 para obtener 4 trozos, o bien filetear.
13. Guardar en la nevera o en el congelador hasta su utilización.

Albóndigas vegetales

Ingredientes para 3 raciones
- 350 g de soja texturizada pequeña o fina (recomiendo la fina)
- 4 cucharadas de harina de garbanzo
- 1 taza de pan rallado (opcional)
- 1 ajo en polvo
- 1 cebolla en polvo
- Perejil picado
- Aceite de oliva virgen extra
- Sal

- Pimienta negra molida (opcional)
- Orégano (opcional)

Elaboración

1. Remojar la soja texturizada con agua o caldo aguado caliente durante 1 hora, para que se hidrate. Puede ser menos tiempo, según la marca de la soja, pero debe quedar muy blanda.
2. Escurrir la soja todo lo posible.
3. Mezclarla en un recipiente con el ajo y la cebolla en polvo y el perejil.
4. En otro recipiente, mezclamos la harina de garbanzo con una pizca de sal y agua hasta conseguir la textura de falso huevo.
5. Añadimos la mezcla de soja texturizada y las especias al falso huevo.
6. Mezclamos bien, hasta quedar amalgamado. Se tiene que pegar un poco en la mano pero no demasiado.
7. Dar forma a las albóndigas con las manos o ayudándonos con 2 cucharas.
8. Empanar con el pan rallado.
9. Freír en aceite bien caliente, que las cubra. También se puede marcar en la sartén para cocerlas luego con salsa o al horno.

La opción menos saludable es freír. Hay que escurrirlas bien en un papel absorbente.

Las podemos servir con salsa de tomate.

Esta es la receta base. Una vez esté dominada, se pueden añadir cebolla, champiñones y ajo frescos, picándolos muy finos y pochándolos.

Burgers de lentejas

Se pueden hacer con cualquier otra legumbre, vigilando el tiempo de cocción, que variará de unas a otras.

Ingredientes para 2 raciones
- 100 g de lentejas secas
- 100 g de arroz integral
- 100 g de harina de trigo integral o de garbanzo (sin gluten)
- 75 g de champiñones
- Pan rallado
- 1 cucharada de pasta de tomate concentrada (opcional)
- 1 cebolla
- Aceite de oliva virgen extra
- Sal
- Pimienta negra molida
- Especias al gusto (opcional)

Elaboración
1. Remojar tanto el arroz integral como las lentejas durante toda la noche, por separado.
2. Por la mañana, cambiar el agua o escurrir y reservar.
3. Echar el arroz y las lentejas en una olla con agua abundante cuando esté hirviendo.
4. Cocer durante unos 20 minutos.
5. Escurrir y dejar enfriar.
6. Pelar y picar la cebolla.
7. Limpiar los champiñones y picarlos en trozos muy pequeños.

6. Calentar una sartén a fuego medio con 1 cucharada de aceite y pochar la cebolla y los champiñones.

7. En un bol, poner las lentejas y el arroz ya enfriados con la cebolla, los champiñones y la pasta de tomate concentrada. Salpimentar.

8. Una vez estén templados o fríos, añadir las lentejas y el arroz en un bol o ensaladera grande, y con las manos chafar hasta que se forme una pasta, no demasiado homogénea. Añadir el sofrito, las especias al gusto, sal, y mezclar bien.

9. Añadir la harina y con las manos o con un tenedor chafarlo todo hasta que se convierta en una pasta.

10. Con las manos húmedas, dar forma a las burgers y pasarlas por pan rallado. Reservar.

11. Enfriarlas en la nevera o congelarlas (así no se desharán). Usar papel de horno para que no se peguen dentro del tupper (congelador) o en la bandeja (nevera).

12. Freírlas o hacerlas a la plancha o al horno (a 200 °C).

Estofado de seitán

Ingredientes para 2 raciones
- 120 g de seitán
- 80 g de guisantes
- 1 zanahoria
- 2 patatas medianas
- 1 cebolla
- 2 dientes de ajo

- Caldo de verduras
- Salsa de tomate casera (opcional)
- Aceite de girasol alto oleico (u otro de calidad)
- Sal
- Pimienta negra molida
- Aceite de oliva virgen

Elaboración

1. Marcar el seitán en una sartén con el aceite de oliva a fuego medio y reservar.
2. Picar la cebolla y el ajo lo más pequeño posible.
3. En una cazuela, pochar la cebolla y el ajo con un poco de aceite. Se puede añadir también pimiento o setas picadas.
4. Pelar y cortar las patatas y la zanahoria.
5. Cuando esté todo lo anterior pochado, añadir las patatas y la zanahoria.
6. Después de unos minutos, añadir también los guisantes y remover.
7. Añadir el seitán y unas cucharadas de salsa de tomate. Remover bien.
8. Cubrir con caldo de verduras y esperar a que este se evapore.
9. Salpimentar.
10. Comprobar que las patatas estén a nuestro gusto y que queda suficiente salsa.
11. Probar y corregir de sal cuando aún está caliente.

Falsa boloñesa de soja texturizada

Esta receta es idónea para ser preparada un domingo por la tarde, dejar enfriar y reposar la salsa, guardar una parte en la nevera para el día siguiente y hacer unos tuppers para congelar.

Ingredientes
- 200 g de soja texturizada fina o gruesa de grano pequeño
- 40 g de pasta de tomate doble concentrado
- 2 zanahorias grandes
- 1 cebolla grande
- 150 g de apio
- Una pizca de tomillo molido
- 2 cucharadas de aceite de oliva
- Caldo de verdura (opcional)
- Sal
- Pimienta negra molida
- Especias al gusto (opcional)

Elaboración
1. Hidratar la soja texturizada en agua caliente o en caldo. Si se trata de la gruesa, escurrirla, impregnarla de especias y marcarla en la sartén con un poco de aceite. Si se trata de la fina, no hace falta seguir este paso. Ponerla en el momento indicado.
2. Mientras la soja se rehidrata, picar los vegetales frescos en dados lo más pequeños posibles.
3. Rehogar, a fuego lento, los dados de verduras con el aceite durante unos 15 minutos.

4. Añadir la soja y mezclar bien, en el caso de la gruesa.
5. Añadir la pasta de tomate doble concentrado.
6. Cubrir con agua caliente o templada. Tiene que haber un dedo de líquido a partir de la mezcla, que se irá evaporando.
7. Añadir la sal, la pimienta y especias al gusto en este momento en el caso de la soja fina. Corregir de sal en el caso de la gruesa.
8. Bajar el fuego al mínimo y tapar la olla para que se cocine.
9. Para conseguir la textura adecuada, es posible que tarde entre 1 y 2 horas. Se puede subir el fuego para terminar antes, removiendo de forma constante.
10. Una vez obtengamos la boloñesa, usar al momento, reservar en la nevera o congelar en porciones individuales.

La cantidad de agua y soja varía según el gusto de cada uno, el tipo de soja y la marca, así que las medidas son orientativas.

Dulces y postres

Bizcocho vegano fácil

Ingredientes
- 2 tazas de harina de espelta o de trigo
- 2 cucharadas de postre de levadura en polvo
- 2 manzanas medianas neutras (no ácidas)
- 1 plátano mediano muy maduro
- ½ taza de leche vegetal (mejor de soja para los bizcochos)
- Endulzante al gusto (idealmente 2 dátiles)
- Frutos secos (opcional)

Elaboración
1. Precalentar el horno a 200 °C.
2. Mezclar todos los elementos secos en un bol.
3. Añadir la leche vegetal y remover bien. Hay que hacerlo con unas varillas, para que quede atrapado el máximo de aire posible.
4. La fruta puede ser añadida como puré o dejarla en pequeños trozos.

5. Rellenar un molde con la mezcla.
6. Hornear a 200 °C durante 50-60 minutos.
7. A partir de los 50 minutos, pinchar con un palillo y, si sale limpio, está listo.

Si no te gusta el plátano, sustitúyelo por una cucharada de compota y tres de agua mezclada con una cucharada de semillas de lino.

La cantidad de líquido depende mucho de la fruta y del tipo de harina, así como de la humedad relativa del aire. Es importante que la consistencia de la masa sea la habitual de una masa de bizcocho. Así que para añadir líquidos se usa la cuchara de postre.

Arroz con leche tropical

Ingredientes para 2 raciones
- 80 g de arroz integral
- 700 ml de leche vegetal de arroz casera
- La piel de ½ limón o de 1 naranja
- 150 g de piña natural
- Semillas molidas, frutos secos
- Canela en polvo

Elaboración
1. Remojar el arroz integral durante toda la noche o, al menos, 2 horas.
2. Descartar el agua del remojo y enjuagar.
3. En una olla, llevar hasta ebullición la leche vegetal.

4. Una vez roto el hervor, añadir el arroz y la piel de naranja o de limón.
5. Cocinar entre 45 minutos y 1 hora a fuego bajo.
6. Si queda muy denso, añadir más leche vegetal, hasta encontrar el punto.
7. Hacia el final de la cocción, remover constantemente, para que no se queme el fondo.
8. Retirar la piel del limón y colocar el arroz con leche en vasos o tarros individuales.
9. Cuando se haya templado, poner los vasos en la nevera para que se acabe de cuajar.
10. Añadir la canela, la piña y los frutos secos antes de servir.

Galletas de almendra

Ingredientes
- 125 g de harina de almendras
- 200 g de harina de trigo integral
- ½ sobre de levadura química
- 60 ml de sirope de agave
- 125 g de margarina
- Un puñado de almendras en cubitos

Elaboración
1. Precalentar el horno a 200 °C.
2. Sacar la margarina de la nevera para que esté a temperatura ambiente.
3. En un bol, colocar las harinas y la levadura y remover.

4. Añadir la margarina y el sirope y amasar.
5. Una vez tengamos una pasta consistente, darle forma de galleta.
6. Dejar reposar en la nevera entre 30 y 60 minutos, dentro de un recipiente hermético.
7. Cortar las galletas, con un grosor no superior a 1 centímetro.
8. Colocarlas en una bandeja de horno con papel parafinado, sin dejar que se toquen.
9. Decorar con los cubitos de almendra.
10. Hornearlas 10 minutos o hasta que estén doradas.
11. Dejarlas enfriar encima de una rejilla.

Postre de yogur y avena

Ingredientes
- 1 yogur vegetal de avena
- 100 ml de bebida de avena
- 2 cucharaditas de semillas de lino
- 50 g de avena en copos
- 1 ración de fruta fresca de temporada
- 25 g de anacardos o almendras a trocitos

Elaboración
1. Mezclar las semillas de lino molidas con la bebida vegetal.
2. Esperar 10 minutos y añadir el yogur y los copos de avena. Remover.
3. Colocar en un recipiente con tapa y reservar en la

nevera hasta su consumo. Pueden ser unas horas o una noche.

4. Remover y esperar que se atempere.
5. Añadir la fruta fresca cortada y lavada y los frutos secos.
6. Servir a temperatura ambiente en un bol o en un recipiente que permita mezclarlo todo.

Crema de avellanas y cacao

Ingredientes
- 200 g de avellanas tostadas
- 50 g de sirope de agave
- 50 g de nata de coco
- 25 g de cacao puro
- 20 g de aceite de oliva
- Sal

Elaboración
1. Verter todos los ingredientes en el vaso de la batidora.
2. Triturar hasta obtener la crema.
3. Dejar una parte granulada de las avellanas para un efecto *crunchy* (opcional).
4. Verter en un tarro limpio y con tapa.
5. Guardar en la nevera.

Ideas para bocadillos veganos

Para los bocatas, es mejor que tanto la verdura, el tempeh y el tofu estén hecho a tiras. Así es más fácil que no se desmonte y también son más fáciles de comer.

En general, seguimos estos pasos:

1. Untamos el pan con tomate, hummus (de garbanzo o de cualquier otra legumbre), paté de aceitunas (olivada), mostaza, tofunesa o aguacate. Evitamos el chorro de aceite en el pan porque es posible que alguna parte de la preparación ya vaya bien cargada de aceite.
2. La lechuga, las hojas verdes y los germinados le dan el toque crujiente.
3. También podemos optar por añadir pepinillos en vinagre o chucrut; le estaremos añadiendo un toque fuerte y probióticos.
4. Verduras a la plancha o al horno, de temporada.
5. La proteína: legumbres en paté o en preparaciones de estilo burger, tofu, seitán o tempeh.

Propuestas

- Escalivada de pimientos y berenjena con paté de olivas negras.
- Verduras al horno con hummus y lechuga crujiente.
- Aguacate, rúcula o lechuga, tomate, cebolla y salsa de yogur de soja.
- Calabacín/pimientos a la plancha y seitán (o tofu marinado) con hojas verdes y cebolla.
- Burger vegetal a la plancha, con hummus untado en el pan, hojas verdes y pepinillos.
- Revuelto de tofu con champiñones.
- Tempeh a la plancha crujiente con verduras también a la plancha o al horno.
- Seitán a la plancha con chucrut y pimiento escalivado.

Consejos

La quinoa se lava siempre antes de usarla

La saponina de la quinoa hay que retirarla para que no nos siente mal. Lo mejor es poner la quinoa en agua abundante, lavarla bien y que haga «espuma».

Después, la aclaramos.

Las semillas, mejor molidas

Las semillas de chía y de lino tienen varios usos cuando las utilizamos humedecidas. Con la chía hacemos pudin, y con el lino y el agua podemos hacer un falso huevo para algunas recetas.

Pero si queremos de verdad utilizar todos sus nutrientes y que estos se liberen, debemos romper la cáscara de la semilla. Podemos utilizar un mortero, un *suribachi* (mortero japonés) o un molinillo de semillas.

El brócoli y la col, mejor al vapor

Aunque en muchas recetas los preparamos con otras técnicas culinarias, si queremos aprovechar de verdad sus propiedades lo mejor es hacerlos al vapor de 3 a 5 minutos y comerlos al dente. Muchos nutrientes son sensibles al calor y si hervimos la col y el brócoli, los perdemos casi todos.

La otra opción es hacerlos en un wok o salteados. De esta forma perdemos los nutrientes que están en la parte exterior, pero no los de la parte interior.

No tiramos nada

Los troncos de col y de brócoli pueden servir para dar cuerpo a una crema, así como las hojas que se ponen feas para una ensalada. ¡Son la parte más nutritiva y siempre termina en la basura!

Podemos guardar en el congelador todo aquello que no usamos, lavado, troceado y listo para usar en otro momento.

Limitar la sal y utilizarla yodada

La sal aumenta la palatabilidad de los platos, pero también es un factor de riesgo cardiovascular. Muchos alimentos contienen sal de forma natural, así que limitar su uso o incluso eliminarlo de muchas preparaciones es positivo para conseguir una dieta más saludable. Condimentar los platos con especias, así como utilizar encurtidos y fermentados, ayuda a dar sabor aportando nutrientes y, en el último caso, probióticos.

En las poblaciones en las que el déficit de yodo es habitual, se aconseja el uso de sal yodada. Algunas sales, como la sal rosa del Himalaya, son bajas en yodo y por lo tanto no se recomiendan.

Sustitutos del azúcar

En los últimos años, una de las tendencias en alimentación saludable es la eliminación del azúcar de todas las preparaciones, también de la repostería casera.

Para sustituir el azúcar común, la sacarosa, no es suficiente con utilizar azúcar moreno, panela o ciertos siropes como el de arce o el de agave. Idealmente, lo mejor es no endulzar, pero como eso no siempre se consigue, hay otras formas de hacerlo:

- Con dátiles. Una vez hidratados, podemos añadirlos triturados. También podemos hacer un sirope casero con ellos, incorporando la piel y la pulpa.
- Con fruta muy madura. A la masa de muchos dulces podemos incorporar trozos de fruta madura, que añadirán dulzor y jugosidad.
- Con leches vegetales naturalmente dulces, como la de arroz. Una leche sin azúcar añadido que aporte dulzor nos ayuda a eliminar algunas cucharadas de azúcar.
- Con cremas naturales de frutos secos sin azúcar, que aportan un sabor agradable y un punto de dulzor.

Para algunas recetas, el uso de azúcar puede ser imprescindible. El azúcar es un potente conservante y el motivo de que las mermeladas, incluso las tradicionales, lleven una gran cantidad. En estos casos, trata de reducir las cucharadas de azúcar al mínimo, combina las técnicas anteriores si se puede o reduce el consumo del producto.

Sustitutos del huevo

Los huevos son uno de los recursos más habituales para dar textura y cuajar. En el paso de la dieta vegetariana a la vegana, encontraremos un gran número de preparaciones que los utilizan. Para sustituir un huevo, se puede utilizar lo siguiente:

En la tabla se han organizado por usos habituales, pero no hay motivo para no utilizar uno de los sustitutos en preparaciones tanto saladas como dulces.

Por ejemplo, el *agar-agar* se usa también para gelatinas de frutas o para cubiertas de gelatina de tartas de frutas. Se compra en polvo y listo para usar.

La sal *kala namak* se usa no solo en revuelto sino también en tortillas, patatas u otras preparaciones en las que el sabor a huevo tenga que estar presente. Es conveniente utilizarla después de servir, pues con el calor pierde sus propiedades organolépticas.

Dulce (repostería, tartas)	Salados
Medio plátano maduro grande o uno pequeño machacado.	1 cucharadita de *agar-agar* con 3 cucharadas de agua. Tiene que hervir para gelificar.
1 cucharada de fécula de patata o de tapioca con 2 cucharadas de agua.	1 cucharadita de semillas de lino o chía trituradas con 3 cucharadas de agua. Dejar reposar 15 minutos.
50 g de puré de calabaza o de compota de manzana.	**Rebozados**
1 yogur vegetal de soja.	4 cucharadas de harina de garbanzo con 4 cucharadas de agua y 1 cucharada de vinagre.
Levadura química para conseguir esponjosidad (cantidad según receta).	2 cucharadas de fécula de maíz con 3 cucharadas de agua.
3 cucharadas de mantequilla de cacahuete o almendras o tahina.	Harinas de tempura o de rebozado con agua, siguiendo instrucciones del envase.
4 cucharadas de harina de garbanzo con 4 cucharadas de agua.	**Revueltos**
1 yogur de soja natural sin azucarar.	Tofu blando al que se añade sal *kala namak*.

Más allá de la alimentación

El veganismo como modo de vida nos lleva a descartar una gran cantidad de materiales y productos más allá de la alimentación. Puede parecer sencillo, pero si empezamos a buscar jerséis calentitos nos encontraremos con que la mayoría lleva un porcentaje más o menos importante de lana. Nuestro nórdico es de plumas de verdad, nuestras almohadas también... ¿Qué hacemos?

Comprar con conciencia

¿Verdad que hablábamos de comer con conciencia? También deberíamos aplicar esa conciencia a todas nuestras compras. Empecemos:

En primer lugar, valora todas tus nuevas adquisiciones: deberían ser veganas en la medida de lo posible. Muchas marcas veganas tienen, además, certificados de sostenibilidad, de comercio justo y de buen trato a los trabajadores.

Son artículos más caros que otros que podríamos llamar veganos porque son cien por cien materiales de origen vegetal, pero es posible que no sean ni justos ni sostenibles.

¿Por qué deberíamos hacer esto siempre que tengamos una necesidad? Vivimos en un mundo de recursos finitos que estamos destruyendo porque consumimos como si no hubiese fin. No valoramos la tala de un bosque, ni su riqueza, ni el agua limpia, ni los arrecifes de coral... pero todo tiene su función necesaria en el planeta. Nos afecta a los humanos, pero en peor medida al resto de animales. La sobreexplotación de recursos también mata, y en nuestra mano está reducir el dolor y el sufrimiento (y, por supuesto, la extinción) de ecosistemas enteros.

No siempre vamos a poder permitirnos objetos y servicios que cumplan perfectamente con todas las premisas éticas y sostenibles. Aun así, es importante aprender a valorar nuestro impacto para no caer en un consumismo que, pese a ser «apto para veganos», en realidad compromete el bienestar de todos. Estas nuevas compras serán una inversión.

¿Qué hacer con todo lo que tenemos y que no es vegano?

Ropa, cepillos de dientes, zapatos, muebles... Es muy probable que tengas media casa llena de elementos no veganos. ¿Cómo puede, acaso, no ser vegano un cepillo de dientes? El cepillo de dientes tiene cerdas en su cabeza para que nos limpiemos. Esas cerdas eran de pelo de cerdo, posteriormente de caballo. Ahora son de nailon. El problema del nailon es que es un plástico. Desechamos miles de cepillos de dientes de plástico en nuestra vida y ese plástico que generamos está acabando con los océanos. ¡No solo son las pajitas para beber refrescos! No usemos todo ese plástico de objetos de corta duración que compramos para darle un uso muy corto, para después tirarlos y reponerlos.

Más obvio es el caso de muchos de los muebles que puedas tener en casa con acabados de cuero o de objetos de decoración hecho con marfil. ¿Tu chaqueta o tus zapatos son de cuero? Seguro que entre tu ropa tienes seda o lana, que tampoco son aptos. Incluso al comprar la vajilla debemos tener en cuenta que algunos tipos de porcelana llevan ceniza de hueso (de huesos de verdad). En muchos sitios la llaman porcelana china y se puede encontrar en tiendas selectas o en grandes almacenes a precios asequibles. No hay nada más contradictorio que servir una comida totalmente vegetal en un plato con un 30% de huesos animales...

Llegados a este punto, ¡no te obsesiones! Lo hecho, hecho está. Decide qué hacer con lo que ya tienes de la forma que mejor se adapte a ti y sin sentirte culpable. Lo importante es ir dando pasos, más grandes o más pequeños, en la buena dirección. Sin prisas: los tiempos, las circunstancias y las vivencias personales de cada uno son diferentes, así como el propio camino.

Hay muchas estrategias a seguir y todas pueden ser válidas:

Véndelo. No todo el mundo se siente a gusto vendiendo algo no vegano porque alentamos su comercio, pero te puede servir para adquirir algo que sí necesitas. Incluso en este caso, puedes donar el dinero a una causa justa.

Regálalo. A veces es mejor regalar aquello que ya no queremos tener y así evitar la compra de otros.

Dónalo. Hay personas y animales necesitados que no tienen elección. Ellos no van a favorecer el comercio y nos agradecerán el gesto. También hay grupos y asociaciones que hacen *performances* con objetos que tal vez ya no quieres ni ver, como un abrigo de piel.

¿Tirarlo es una opción? Piensa que tal vez ha habido un gasto de producción irremediable, y que, por lo tanto, no debería tirarse nada. Pero es posible que, con algunas cosas, no tengas elección. También es cierto que, idealmente, debemos normalizar los productos sin materiales con procedencia animal, así que hay personas que se sentirán más cómodas con esta opción.

Todas las opciones tienen ventajas e inconvenientes. Decide cuál es la mejor para ti en cada situación y escucha las críticas constructivas al respecto.

Si acabas de aterrizar en el mundo vegano, quizá tengas tantas cosas que no sabes qué hacer con ellas. Los mercadillos y los intercambios son siempre una buena forma de deshacernos de todo lo que hay en nuestro armario que no queremos. No hace falta ir a uno de los «oficiales», ¡podemos montarlo en casa con amigos y familiares! La ropa de segunda mano es una muy buena forma de no gastar más recursos.

Lista de materiales de origen animal

Más allá de los materiales, tanto naturales como sintéticos, que son aptos para veganos y que no paran de crecer, os dejo una lista de los que seguro que no son aptos.

Alpaca: lana obtenida de la alpaca boliviana
- Angora: pelo de conejo de Angora
- Ante
- Asiatic raccoon: piel de mapache
- Astracán
- Cachemira: pelo de cabra de Cachemira
- Camélidos
- Conchas
- Corriedale: lana
- Cuero
- Fieltro
- Lana
- Lincoln
- Mohair: pelo de cabra
- Napa
- Pelo o pieles (chinchilla, visón, zorro, etc.)
- Perlas
- Plumas
- Romey Marsh: lana
- Seda

Actualmente, se están desarrollando multitud de materiales nuevos y maravillosos, bien a partir de fibras naturales, como la piña, o de materiales sintéticos, y la mayoría de las veces reutilizando materiales plásticos. La calidad de estos es, en algunos casos, muy alta y sus prestaciones técnicas excelentes, por lo que las llamadas «pieles vegetales» empiezan a ser habituales. Las marcas comienzan a apostar por ellas y debemos prestarles atención, porque son el futuro. En algunos casos, existen otras alternativas cuyo producto final es muy similar al original, como la llamada «seda pacífica», o seda Ahimsa, la cual se obtiene después de que el capullo haya eclosionado y la mariposa haya salido. Algunos sectores del veganismo la consideran apta.

Este avance en los materiales está haciendo que muchas marcas, e incluso grandes diseñadores, opten por eliminar algunos materiales animales, antes imprescindibles.

Cosmética y cuidado personal

Después de la alimentación, es uno de los principales focos de atención en nuestro viaje al veganismo. Por un lado, son productos básicos de uso diario, ya que, aunque no nos maquillemos, nos duchamos y nos lavamos los dientes con frecuencia, por poner dos ejemplos de acciones diarias habituales. Además, se trata de un sector en el que el testado en animales ha sido una constante.

Tanto para comprobar la irritación como para investigar la fiabilidad de un tratamiento, estos productos en apariencia inofensivos son un segundo paso importante dentro del consumo consciente y ético. Así que, si ya te has convertido en un experto lector de etiquetas alimentarias, ahora toca subir de nivel.

Igual que pasaba con la alimentación, es importante tener conciencia del consumo de envases de plástico que implica utilizar estos productos. Poco a poco encontramos marcas, normalmente pequeñas y locales pero también algunas multinacionales de éxito, que deciden eliminar envases.

Al mismo tiempo, suelen ser productos con menos tóxicos. Los tóxicos de los productos que utilizamos en nuestra higiene personal, así como en cosmética, pueden ser nocivos tanto para nuestro organismo como para el medio ambiente. Es el caso de las cremas exfoliantes con micropartículas. Si estas pequeñas partículas no son biodegradables, estaremos contaminando los océanos con millones de trocitos diminutos de plástico. Recuerda que tienes opciones más naturales y más respetuosas con la vida marina y con tu piel.

Desde hace algunos años, todos los productos que se fabrican en Europa son no testados en animales. ¿Es eso cierto? Sí, los que se fabrican en Europa no están testados, pero es posible que la marca teste en otros países. Hay mercados muy grandes que algunas marcas no quieren perder, como el asiático.

¿Es lo mismo *cruelty free* que vegano?

Es una duda tan común que merece ser resulta, porque son dos conceptos muy diferentes y algunas marcas juegan al despiste con ellas. Todos los productos aptos para veganos son *cruelty free*, es decir, libres de crueldad, sin experimentación animal detrás y sin ingredientes de origen animal. Sin embargo, los productos *cruelty free* solo nos garantizan que no se ha experimentado con animales.

Es más fácil encontrar productos no testados, especialmente en Europa y en países donde ya se ha prohibido el testado, que productos veganos y que además lleven un rótulo que lo avise. ¡Mucho cuidado con algunos sellos!

¿Dónde ponemos el límite?

Resulta verdaderamente complejo pasar de un consumo convencional a un consumo de productos que provengan de empresas éticas, sostenibles y veganas. Seguramente, algunos productos ni podremos encontrarlos o serán demasiado caros. Sin duda, es un esfuerzo pasar de comprar fijándonos en lo que nos gusta, el precio, las ofertas o el *packaging* a tener que leer etiquetas y blogs especializados para asegurar unos mínimos.

Cuando empecemos a escarbar en este mundo, nos daremos cuenta de que tanto los productos cosméticos, como los de higiene personal y de hecho los de limpieza y los de alimentación, están fabricados por diferentes empresas que ¡sorpresa! forman parte de grandes grupos empresariales transnacionales. El primer paso, y el más difícil, es comprobar que el producto en sí sea apto para veganos. Si no lo es, se eliminará directamente de la cesta de la compra. Inmediatamente después, nos preocuparemos de que sea una marca que no teste. También te puede interesar el tipo de composición de los productos, el tipo de ingredientes y su toxicidad o los compuestos químicos que incorpora; después queda ver si hay marcas veganas que los ofrezcan.

¿Qué ocurre si en realidad esa marca forma parte de uno de los grandes grupos empresariales, en los que los productos ni son éticos, ni son veganos y además testan? Aquí deberás decidir qué quieres hacer. Puedes determinar no comprar y dejar de utilizar ese tipo de producto, variando tu consumo y decreciendo en cantidad de cosméticos y productos que tienes en casa. O puedes usar el de otra marca más pequeña que no sea tan accesible por precio y método de compra, pero que sea local y ética y creada por activistas veganos. Claro que siempre puedes decidir seguir

---

Aquí tenéis un pequeño resumen de cómo está el testado animal en China

- La importación de cosméticos ordinarios (que incluyen maquillaje, fragancias y productos para el cuidado de la piel, el pelo y las uñas) desde el extranjero todavía requiere testar en animales.
- Los cosméticos ordinarios producidos en China no requieren de testado en animales.
- Los cosméticos de uso especial, tanto los producidos en China como en el extranjero, requieren testado.
- Los cosméticos ordinarios producidos en China no necesitan el testado en animales para exportarse.
- Nunca ha hecho falta testeo para los cosméticos comprados en China a través de una web extranjera.

---

comprándolo para que el grupo empresarial siga apostando por ese tipo de producto, accesible al público general.

Te encontrarás que muchas marcas que se publicitan como veganas venden en China, donde sigue siendo obligatorio testar en la mayoría de los casos para comercializar los productos cosméticos. Es cierto que seguramente no será la marca quien lo haga, sino las autoridades chinas, pero eso al animal usado para testar le es indiferente.

A partir de aquí, es habitual considerar una marca no apta porque esta se comercializa en China o porque en el grupo al que pertenece se testa y además se comercializa en China. Algunas marcas deciden no vender en China o fabricar allí algunos productos para no tener que testarlos y seguir fieles a sus principios. Cada vez es más fácil encontrar productos de marcas éticas, así que, aunque al principio parezca complicado, ¡paciencia!

¿Afecta el veganismo al sexo? Por increíble que parezca, también. Algo tan necesario como un preservativo puede no ser apto. La mayoría de los preservativos del mercado llevan caseína, un derivado de la leche. De los que no llevan, lo habitual es que no sean producidos por empresas *cruelty free* y, si tenemos todo esto en cuenta, las alternativas en casos de sensibilidad al látex son aún menos. Lo mismo ocurre con otros métodos anticonceptivos.

En estos casos, en los que en algunas ocasiones no habrá una alternativa totalmente vegana, tendremos que conformarnos con los que se ajusten más a la ética vegana. Con el tiempo, cada vez hay más marcas que apuestan por crear todo tipo de productos éticos, respetuosos con nuestro cuerpo, el medio ambiente y los animales.

Sellos veganos, eco y sostenibles

Los sellos pueden ayudarnos a distinguir mejor los ingredientes de cualquier tipo de producto: desde los alimentarios a los cosméticos, pasando por los muebles. Si bien es cierto que un producto veganos no tiene por qué ser ecológico ni sostenible y a la inversa, es interesante tenerlos en cuenta.

Otra cuestión es que, para poder poner estos sellos en los productos, las empresas deban pagar. En algunos casos, las certificaciones son costosas, por lo que muchas marcas deciden no invertir en ellos. Por lo tanto, hay productos que son ecológicos y veganos, pero que no están certificados como tales.

En el caso de los productos aptos para veganos, es habitual que muchas marcas simplemente indiquen «vegano» o «apto para veganos».

En algunos países, los grandes supermercados indican qué productos son veganos al lado del precio, para agilizar la compra. De esta forma, no tenemos que darle la vuelta al envase para buscar el sello o leer los ingredientes.

Aquí tenemos los principales sellos que podrán ayudarte

Producto ecológico, bio u orgánico (nomenclatura según país)	Producto no testado en animales	Producto apto para consumo vegano	Producto de sostenibles y/o comercio justo
	cruelty free		FAIRTRADE
ECO CERT®	NOT TESTED ON ANIMALS	CERTIFIED VEGAN	FSC
USDA ORGANIC	NOT TESTED ON ANIMALS	Vegan	made in Green

Cómo leer el INCI

El verdadero problema con los cosméticos y los productos de higiene corporal es que, cuando le damos la vuelta para leer la etiqueta, no entendemos nada. Es imposible —a no ser que hayas estudiado Farmacia— que un día quieras saber qué composición tiene un producto y puedas saberlo por la etiqueta.

El primer paso es conocer el INCI, o Nomenclatura Internacional de Ingredientes Cosméticos. Los listados de ingredientes pueden aparecer en inglés, francés, en castellano o en cualquier otro idioma, y es posible que en esa lista opcional no aparezcan todos los ingredientes, solo los principios activos que las marcas quieren promocionar.

Sin embargo, es obligatorio incluir el listado INCI en los productos, aunque los nombres aparecen en latín. A veces vemos el nombre en inglés y entre paréntesis su denominación latina. Es sencillo comprobar si algo es apto una vez dominamos los ingredientes no aptos más comunes.

Algunos ejemplos de nomenclatura INCI con ingredientes de origen animal muy comunes:

- **Beeswax** (cera alba). Se trata de cera de abeja y es uno de los productos más complicados de evitar, incluso en la cosmética casera.
- **Lanolina** *(lanolin)*. Es la grasa protectora de la piel del ganado ovino, es decir, es grasa que se encuentra en la lana de las ovejas.
- **Carmín** (CI 75470). Se obtiene triturando unos insectos, las cochinillas.

- **Guanina** (CI 75170). Se extrae de las escamas de los peces, y se encuentra en maquillajes o cosméticos que brillan.
- **Colágeno** *(collagen)*. Puede ser animal, procedente de cartílago, o vegetal. Si no se indica que es vegetal, es siempre animal.
- **Glicerina** (glicerol o *gliceryls*). Grasa animal.
- **Cera Shellac**. Laca segregada por insectos.
- Los ingredientes acabados en **caprylic** o **capric** son derivados de un ácido que procede de la leche.

La gran ventaja es que están ordenados de mayor a menor cantidad. Por lo tanto, si ves que el ingrediente no apto está al final de la lista, es posible que el porcentaje sea ínfimo.

Además, si se trata de un producto ecológico, aún nos da más información: los ingredientes que provienen directamente de cultivo ecológico llevan un asterisco (*) y los que están elaborados a partir de un ingrediente ecológico, pero no lo son por sí mismos, están marcado por dos (**).

Los colorantes cosméticos como el carmín, que en muchos casos no son veganos, deben llevar el número de CI (Colour Index) del INCI. En la página web de la Agencia Española de Medicamentos y Productos Sanitarios, tienes el listado completo en castellano para que no se te pase nunca ninguno.

Recetario de cosmética vegana casera

La cosmética, de entrada, nos puede parecer complicada: pasar de comprar prácticamente sin mirar los ingredientes a intentar entenderlos todos. Si te interesan los productos veganos naturales para cuidar tu piel y quieres tener a mano algunas recetas simples, rápidas y con pocos ingredientes, este recetario de cosmética natural casera puede servir de pequeña introducción.

Exfoliante de panela y aceite de oliva

Ingredientes
- 1 cucharada sopera de aceite de oliva
- 1 cucharada sopera rasa de panela o azúcar moreno

Elaboración
1. Solo hay que mezclar y aplicar de forma suave.

2. Frotar la mezcla por todo el rostro (¡este exfoliante es, además, ideal para los labios!).
3. Enjuagar con abundante agua tibia.

Exfoliante con pétalos de rosa

Ingredientes
- Los pétalos de 4 rosas
- 1 cucharadita de mostaza a la antigua
- 450 ml de agua

Elaboración
1. Mezclarlo todo y triturar la mezcla.
2. Aplicarla con suavidad en el rostro.
3. Dejarla actuar durante unos 20 minutos.
4. Retirarla con agua fría.

Mascarilla de pepino

Ingredientes
- 1 pepino mediano

Elaboración
1. Retirar la piel y las puntas del pepino.
2. Cortarlo en rodajas y reservarlas.
3. Triturar el resto.
4. Aplicar la mascarilla durante 15 minutos para hidratar y refrescar.
5. Usar las rodajas encima de tus ojos.

Desodorante con aceite de coco

Ingredientes
- 4 cucharadas soperas de aceite de coco
- 1 cucharadita de postre rasa de bicarbonato de sodio
- 15 gotas de aceite esencial de árbol de té
- 1 frasco de cristal de 30 ml, bajo y de boca ancha

Elaboración
1. En un cazo, calentar el aceite de coco a baja temperatura.
2. Cuando esté líquido, añadir el bicarbonato.
3. Remover hasta que se disuelva y retirarlo del fuego.
4. Añadir el aceite esencial y volver a remover.
5. Rellenar el frasco de cristal y dejar que se enfríe.
6. Utilizar como desodorante en crema.

Viviendo la vida vegana

Las dudas sobre alimentación son las primeras que surgen, especialmente en las personas que realizan transiciones lentas o que solo se privan de ciertos alimentos. Pero lo cierto es que, aunque solo se reduzca el consumo de carne de animales terrestres, muchas de las situaciones que se explican a continuación se pueden dar igualmente.

La intención de este capítulo es ayudar a integrar la transición al veganismo lo más fácilmente posible, a través de la comprensión de situaciones complicadas. Las ideas y soluciones que se proponen intentan ser lo más inclusivas posibles con todas las visiones del veganismo que existen. Algunas de ellas pueden ser excluyentes y tal vez no estarás de acuerdo con la mayoría de las propuestas o, en caso extremo, con ninguna.

En cualquier caso, lo principal es recordar que los animales nos necesitan de su lado y que no pueden permitirse debates epistemológicos sobre la conveniencia y argumentos de un punto de vista sobre otro. Cada pequeño paso

que des hacia la ética animal es sumamente valioso, independientemente de tus preferencias.

Lo peor de ser vegano

Descubrir que todo el mundo menos tú es «nutricionista».
- Ser el blanco de los chistes.
- Someterte al tercer grado durante cualquier comida, incluso las de trabajo.
- Intentar comer fuera de casa algo que no sea una ensalada.
- Ser un buen invitado en casa de gente no vegana.
- Comprar calzado que te guste.
- Presenciar cómo otros comen animales.
- Tener pocas opciones de algunos tipos de comida.
- Escuchar por enésima vez: «No sabes lo que te pierdes».
- Justificarte y dar explicaciones constantemente.
- Aguantar que te llamen «radical».
- Si tienes sobrepeso, escuchar que te pregunten: «¿Por qué no estás delgada si eres vegana?».
- Si estás delgada, que te digan: «¡Nunca vas a estar fuerte comiendo solo plantas!».

Familia y amigos

Es muy posible que, con el tiempo, algunas relaciones
personales —de pareja, familiares, de amistad o simplemente de trabajo— se deterioren o se acaben. También se

forjarán nuevas. Ocurre cada vez que hay un cambio vital importante en nuestras vidas, especialmente cuando adquirimos una nueva visión del mundo.

Con los años, las personas cambian, y no siempre irán en la misma dirección que tú. No podemos forzar a nadie a hacer algo que no quiera y, por eso, tendrás que decidir dónde pones los límites de lo que toleras y cómo vives las consecuencias de hacerlo.

Problemas de pareja

Aquí pongamos mi caso como ejemplo: Aunque llevo casi diez años con mi pareja, lo cierto es que al inicio de la relación yo era vegetariana y no vegana. Era de ese tipo de vegetarianas que ya han dado todos los pasos, incluso en la cosmética y en la ropa, pero que se estancan con el queso (o cualquier otro alimento fetiche) y los eventos sociales.

Sin embargo, si le preguntas a mi marido, te dirá que me conoció siendo vegana. Al ser la primera persona vegetariana, y posteriormente vegana, que se cruzó en su vida, no tenía en cuenta la cantidad de cosas no aptas que me encontraba en el día a día. Desde un donut a una copa de vino, pasando por un champú o una cazadora para la moto. A él ya le parecía que miraba las etiquetas como si estuviese preparando un doctorado y, al no vivir juntos y vernos poco, su impresión de cómo yo era entonces a cómo soy ahora no ha variado mucho. Lo cierto es que ahora necesito mirar menos etiquetas, porque sé lo que quiero y lo que necesito, y solo reviso si es apto o no aquello que voy a probar por primera vez.

Sin embargo, mi pareja sigue sin ser vegana. Para muchas personas, esto puede ser un problema. El veganismo, si no lo entendemos como una opción personal enfocada a la dieta, es prácticamente una postura política. Aunque como estilo de vida, es cierto que podemos relacionarnos fácilmente con las personas no veganas, una relación íntima puede llegar a complicarse mucho.

Como cualquier otro aspecto de la relación, debemos valorar si nos compensa o no la situación que puede derivar de un choque ideológico. Por supuesto que a mí me encantaría que él fuese vegano, porque lo simplificaría todo mucho. Sin embargo, soy consciente de que la reducción del consumo de animales que él ha hecho sería imposible bajo otras circunstancias. Sin mí nunca hubiera aprendido todo lo que ahora sabe no solo sobre alimentación, sino sobre la situación de explotación de las granjas y otras industrias.

Mentiría si dijera que nunca lo haya presionado para que dejase de comer carne o vestir cuero. Sin embargo, he intentado que fuese algo absolutamente residual en nuestra relación, que se basa en el respeto. Por eso mismo, él nunca juzga lo que hago, ni tampoco aprovecha algunas de mis innumerables contradicciones para hacerme ver lo equivocada que estoy.

Fórmulas para convivir con una persona no vegana

- Repartir los estantes del refrigerador y el congelador.
- Comprar utensilios de cocina y sartenes que no tengan transferencia de partículas o asignar unas específicas para cada uno.
- Pactar qué no comeréis en casa. Por ejemplo, no traer un pollo o un conejo entero, o un pescado grande.
- Planificar las comidas y ver cuáles se pueden compartir.
- Veganizar aquellas que sean más habituales para no tener doble trabajo. La pasta con boloñesa se puede hacer con soja texturizada, por ejemplo.
- Revisar todos aquellos productos que puedan ser aptos y cambiarlos por alternativas veganas siempre que sea posible y todos estén de acuerdo.

En general, no podremos evitar convivir o relacionarnos con personas no veganas, así que tendremos que aplicar el «ojos que no ven, corazón que no siente». En pareja, podemos hacer lo mismo. Se trata de consensuar unos mínimos que hagan que la convivencia no se vea afectada por los reproches.

No siempre lo conseguiremos, pero será más fácil que nuestra pareja se acerque al veganismo desde una postura respetuosa y amable. ¡Puede que termine preparando las mejores tortillas de patatas veganas del mundo, o seitán casero!

Podemos iniciar nuestro camino al veganismo en cualquier momento, pero eso no hará que nuestra pareja y las personas que están a nuestro alrededor vayan a unirse. Eso implica que, después de muchos años con esa persona, quizá llega el momento personal de dar el paso y, de repente, no nos entiende. No podremos cambiarla ni pedirle que su viaje sea el mismo que el nuestro, pero tampoco podemos frenarnos por no sentirnos comprendidos...

También puede ser que estemos libres de compromiso y sin relaciones estables a la vista mientras llegamos al veganismo. Una vez allí, con todo clarísimo a nivel personal, ¿qué ocurre si no encontramos a alguien vegano? En realidad, ¿es imprescindible que nuestra pareja sea vegana? No hay una respuesta correcta porque, al final, los requisitos los pondremos cada uno a título personal, pero ¿es eso lo más importante? Sin duda, nos garantiza que nunca encontraremos una pata de jamón en la cocina o unos bistecs de ternera en la nevera... Pero, por supuesto, con un omnívoro acordaríamos también una cierta sensibilidad hacia los animales en los espacios comunes.

Por otro lado, recordemos que ser vegano no hace buena persona a nadie. Así que tampoco nos asegura que vaya a ser una buena pareja que nos trate con respeto y educación. En definitiva, alguien que se preocupe por nuestro bienestar y los cuidados familiares. Podemos restringir nuestra búsqueda todo lo que queramos, pero siempre teniendo esto en mente.

Hoy nos vamos de barbacoa

Llega el buen tiempo y nos invitan a una barbacoa para celebrarlo. A mí, personalmente, me supone un trabajo extra. Primero, porque me obliga a negociar que no pagaré la carne. Segundo, y no menos importante, porque tendré que llevarme la comida y cocinarla aparte, a no ser que quiera que mis hamburguesas vegetales sepan a churrasco... Además, me tocará llevar algo más de picar para que todos prueben y vean que lo que yo como también está rico.

De repente, todos esos momentos estupendos con nuestros amigos, que eran muy fáciles y que prácticamente se solucionaban solos, ahora pueden ser un martirio.

Cuando nos invitan a comer a casa de otras personas, no podemos siempre confiar en que el anfitrión o anfitriona sepa exactamente qué es apto y qué no.

Veamos unos «clásicos» que nunca fallan:

- «He hecho una ensalada vegetal con atún y huevo.»
- «Le he puesto mayonesa, pero la mayonesa no lleva nada.»
- «He preparado este plato que lleva queso, pero no pensé que no fuera apto.»
- «Hemos salteado verduras y le hemos añadido chorizo para darle sabor. Si se lo quitas no se nota.»
- «Hemos cocinado la carne y después la hamburguesa de tofu que has traído.»
- «Puedes servirte patatas de la fuente (con carne en salsa).»
- «Puedes comer un poco de tarta, ¿verdad? ¡Por un día no pasa nada!»

Se trata de que todos podamos comer a gusto y conservar la amistad, no de discutir, así que, ante todo, mucha calma.

Teniendo en cuenta que son tus amigos y no hay mala fe en sus actos, se entiende que estas situaciones se produzcan con mucha frecuencia. He aquí cómo podemos evitar que sucedan:

- Pregunta el menú y los ingredientes.
- Ofrécete a llevar un plato que pueda ser vegetal y que a todos les guste.
- Intenta ir antes a ayudar con la preparación de la mesa y de algunos platos.
- Explícale a la persona que va a cocinar que si, por tiempo, no puede preparar una comida aparte, tú te traerás la comida hecha o la cocinarás.
- Recuérdale que no solo no lo comes, sino que no quieres encontrarte pedazos o sabores de otras comidas en tu comida.

Por experiencia, llevar comida vegana a una reunión de amigos es una gran oportunidad para que vean que nosotros también disfrutamos de la buena mesa. No hace falta saber cocinar, también podemos comprar o encargar comida y llevarla.

En el caso de los postres y las celebraciones, como los cumpleaños, podemos saltarnos el veganismo saludable y llevarles una tarta vegana que les haga repensar si la leche y los huevos son imprescindibles para comer un buen trozo de pastel.

Piensa que tal vez llevando esa tarta o tortilla, y sin decir mucho más, harás que mucha gente se encuentre por primera vez con comida vegana, y poco a poco vaya cambiando de opinión. ¡Las primeras impresiones son muy importantes!

Tener un bebé vegano

El veganismo está indicado para todas las etapas de la vida del ser humano, según algunas asociaciones de nutricionistas; otras lo restringen durante los primeros años. Lo cierto es que no hay evidencia científica de que sea un problema criar bebés veganos desde el nacimiento, ni tampoco hay ninguna alerta sanitaria al respecto. Los problemas no suelen ser nutricionales sino de pareja, familiares y sociales.

Tener un hijo es una decisión muy importante. No siempre los padres se pondrán de acuerdo en cómo criarlo. Es una decisión que deben tomar juntos y que es mejor decidir antes del torbellino de hormonas y emociones que llegan con el embarazo. Sucede exactamente lo mismo que con otros temas, como el tipo de educación que recibirá. Así que habrá que valorar desde el principio si será o no educado en un ambiente vegano. En realidad, si vamos a darle biberón al bebé, la decisión llegará antes, porque la mayoría de las fórmulas no son veganas.

La alimentación vegana en niños se ve como una imposición, y nuestra pareja puede percibirlo así también. Los niños no deciden en qué ambiente crecen, es algo que les viene dado por sus padres. Si no los criamos como veganos, los criaremos como carnistas. No hay una opción que no sea impositiva, por eso lo mejor es dejar que decida cuando crezca.

Si elegimos criarlo de forma convencional, es posible que ni los lácteos ni otros productos con procedencia animal le generen intolerancia. De esa forma, si quiere, podrá seguir con una alimentación omnívora sin problemas. Si su decisión es esta, que no sea un problema. La mayoría de las personas veganas no hemos nacido en entornos veganos.

El veganismo no es solo aquello que comemos, y sus valores se pueden enseñar desde el ejemplo. Criar a un niño como vegano no solo significa restringir su alimentación, implica introducir en su escala de valores la compasión hacia el resto de animales no humanos. Va más allá de no comprarle una bufanda de lana o de no llevarlo al zoo; implica educarlo en una conciencia ética en la que no está normalizada la explotación animal. Por supuesto será complicado, pero tienes la ventaja de que criarás a tu bebé en tus valores, aunque eso no garantice que de adulto tome las mismas decisiones que nosotros.

Es habitual que parte de las familias implicadas quieran ayudar y participar en su educación, especialmente los más cercanos como los abuelos. También es posible que en un principio no aprueben una crianza vegana y esto sea motivo de discusión. Si es por cuestiones de salud, es importante explicar que no hay motivo para alarmarse. También debemos tener en cuenta si vamos a tener que recurrir a su ayuda. ¿Hasta qué punto podemos exigir que cuando dejamos a nuestro hijo con ellos se le alimente de forma vegana? Es una negociación que vamos a tener que realizar, y es posible que haya que hacer grandes concesiones.

Finalmente, siempre hay problemas sociales porque, aunque el debate con nuestra pareja y familia esté superado (es decir, sean tolerantes con el veganismo o veganos), la sociedad en general no lo es. Especialmente en relación con los niños. Es posible que sea obligatorio que los niños de un colegio lleven un tipo de alimentación determinada en la escuela, que excluya la opción vegana. También puede ocurrir que los pediatras no crean que sea conveniente y cualquier posible enfermedad sea achacada a la «mala alimentación».

Sin duda, se tratará de un esfuerzo extra: es una personita que no comerá lo mismo que el resto de sus amigos o compañeros en las celebraciones y los cumpleaños. Aunque no debería ser un problema, volverá a aparecer el «por un día no pasa nada» vestido de «deja que el niño disfrute por una vez». ¡Como si la comida vegana no pudiese ser sabrosa y divertida!

Sin duda, las opciones saludables deberían caber en las celebraciones, especialmente en las infantiles. Si esto fuese así, los niños y niñas con necesidades especiales, aunque sea por la ideología de sus padres, lo tendrían más sencillo. Hay postres riquísimos a base de frutas, mousses de chocolate, veganos sanos y deliciosos...

El problema con la alimentación infantil actual, especialmente en las celebraciones, es que se relacionan con comida ultraprocesada, refrescos y exceso de azúcar. Esa es la comida que van a identificar los pequeños de la casa como divertida y, si no tomas esa comida, ¡eres el raro! Podemos decidirnos por opciones veganas sustitutivas, muchas de ellas igual de poco saludables, como galletas, helados, tartas y refrescos azucarados, todos con alta palatabilidad. Podemos hacer la excepción un día pero, si acaba siendo lo normal en su dieta, se acostumbrarán a la comida basura.

Conforme vayan creciendo, deberán ser partícipes de algunas de las decisiones personales y familiares. Tal vez quieran probar algún alimento que les llame la atención, porque les guste el envoltorio, la forma o la presentación, porque sus amigos lo comen o porque lo ven en las comidas familiares. Aunque para un adulto vegano es fácil racionalizarlo, un niño o un adolescente no tienen por qué saber hacerlo. Vosotros estáis ahí para enseñarles a pensar.

Conforme pasan los años, los hijos van tomando las riendas de su vida, muchas veces contraviniendo las enseñanzas de sus padres. Como personas individuales y autónomas, llegará la hora en el que tomen sus propias decisiones, nos gusten o no. En un momento determinado, la prohibición seguramente no sea la mejor opción, sino ofrecer alternativas atractivas: el veganismo no debería convertirse en un objeto de disputa.

La formación alimentaria es una de las grandes asignaturas pendientes en nuestra sociedad; llevamos años suspendiendo. Los índices de obesidad infantil, diabetes e hipertensión están al alza en la mayoría de los países que no se toman el tiempo en educar a los niños sobre cómo cuidar su alimentación, pero también porque las familias no lo hacemos. Trabajemos como familias para integrar propuestas saludables y veganas, sin que esto penalice a nuestros pequeños.

Mi sobrino quiere ser vegano

Una situación cada vez más común es encontrarnos con niños y adolescentes que quieren ser veganos, pero que viven en familias donde nadie lo es. A veces se trata de niños pequeños, que han descubierto que su comida anteriormente estaba viva y no quieren volver a comerse a nadie. En otros casos, se trata de adolescentes dependientes aún de sus padres que llegan a la misma conclusión, normalmente más reflexionada.

Cuando hay una persona vegana o en transición en la familia, esta también puede animar a otras a plantearse dar el paso. Fácilmente puede ocurrir que una persona vegana cercana a la familia se convierta en inspiración para los más jóvenes de la casa. Tú puedes ser esa persona, incluso de forma involuntaria.

Si te encuentras en esta situación, es importante dar ejemplo de forma positiva, abierta y empática, porque los padres normalmente no estarán muy contentos con la idea. Especialmente en el caso de los niños, es muy complicado que los padres carnistas acepten la visión vegana del mundo de su hijo.

Los padres o los tutores, como responsables legales, tienen la última palabra sobre cómo educar a sus hijos, aunque estos no estén de acuerdo. Nuestra mejor opción, por un lado, es respetar la decisión que tomen sin dejar de estar disponibles para resolver sus dudas, siempre con información veraz y contrastada. Esto implica, precisamente, no apoyar la decisión individual del menor, pero crear confrontación suele ser contraproducente y le ayudará mucho menos. Por supuesto, por otro lado, ¡es importante seguir dando ejemplo! Especialmente en el caso de los adolescentes, pero sin olvidar a los padres y familiares no veganos ya que, si están receptivos, es posible que acaben recurriendo a nosotros para obtener consejos (¡y recetas!) sobre comidas más inclusivas y menos problemáticas.

La primera Navidad sin gambas

Las relaciones familiares giran, en gran parte, en torno a la comida. Las celebraciones más importantes se celebran en la mesa. Bodas, cumpleaños... es el momento de la sobremesa. En tu caso, tu comida favorita ya no es apta y los postres desaparecen del menú familiar.

Prepárate para tus primeras Navidades veganas

Las grandes celebraciones familiares suelen ser las más difíciles. Ya hemos convencido a la familia directa —o, al menos, ya nos dejan tranquilos—, pero ahora todos esos familiares que prácticamente no vemos nunca tienen un nuevo tema de conversación: tú.

Te ha pasado lo mismo con tu grupo de amigos y con tus compañeros de trabajo y de estudios: todos tienen un grado en Nutrición, la mayoría conoce a «ese vegetariano que comía jamón o pescado» a aquel otro que enfermó y casi se muere. De repente, la comida de Navidad es el momento ideal para sacar a relucir todas las noticias catastróficas sobre veganos que hayan salido en los medios: «¿Te acuerdas de esa niña pequeña cuyos padres mataron de hambre porque eran veganos?». En realidad, los padres no eran veganos y la niña tenía un tipo de anemia habitual en bebés, pero seguro que te acuerdas porque durante un mes no escuchaste otra cosa.

Para evitar momentos complicados, debemos tener en cuenta que podemos solucionar con antelación muchos de los problemas que pueden surgir: para empezar, deberemos hablar con las personas que organizan la fiesta. Prepárate; no siempre lo entenderán, así que la mejor forma de resolverlo es utilizar la diplomacia.

Ya sea porque nunca has entrado en una cocina o porque antes echabas una mano y ahora cocinar un pavo o un cordero lechal va en contra de tus principios, puede ser complicado que acepten un cambio en el menú o un menú especial. Pon todas las facilidades que están en tu mano: llevar algunos platos, encargar el menú que vas a comer, ayudarles con algunas recetas veganas...

Es muy probable que seas la primera persona vegetariana o vegana de tu familia, y eso significa que es posible que no sepan realmente las implicaciones que tiene ser vegano. No esperemos a que se informen por ellos mismos. En muchos casos nos encontraremos con gratas sorpresas, pero hay muchísimas cosas que hay que tener presentes, así que cuanta más ayuda e información podamos brindarles, todo fluirá con mayor facilidad.

Nos vamos de boda

Las celebraciones caseras tienen siempre una gran ventaja: son en casa de un familiar. Es mucho más fácil de gestionar, para bien o para mal, porque tenemos acceso a la persona que lo organiza, a la que cocina y quizás a las compras. Pero en las bodas todo esto se desdibuja.

Los novios tienen encima una gran cantidad de preocupaciones. Una boda convencional es un gran evento, hay muchos detalles y la cantidad de invitados puede llegar a ser elevadísima. Así que tu comida no será la prioridad de nadie ese día.

Una situación muy común es acabar con algún plato de hortalizas de primero y otro de verduras de segundo y, además, ¡castigados sin tarta ni postre! Otra situación habitual es que, a pesar de que los novios avisaron e incluso probaron un menú vegano, después nadie avisó a cocina y no tienen nada preparado. Aunque parezca increíble, ocurre, ya que muchas veces se trata de un solo cubierto que hay que pedir aparte. Por último, es factible que se confundan y no te hagan platos veganos sino vegetarianos o sin gluten, bien por desconocimiento, bien porque se han equivocado con el tipo de menú especial.

En este tipo de situaciones, en cuanto empieza la celebración ya hay pocas posibilidades de enmendar los errores. Tampoco se puede esperar que quienes están celebrando se preocupen de nuestro menú o intenten solucionarlo. Por eso es importante que cuando te llegue la invitación, además de aceptar, seas muy conciso. Incluso si no eres vegano pero has eliminado el consumo de carne y pescado, es recomendable que detalles tus necesidades por anticipado.

Por último, y para que la fiesta no acabe en tragedia, aquí van algunas recomendaciones:

- Pide que te muestren el menú vegano que te servirán.
- Nada más llegar, identifícate como vegano al personal de sala y recuérdales tanto lo que esto implica como si padeces alguna alergia o intolerancia.
- Llévate frutos secos, fruta o una barrita energética por si no te ponen mucha cantidad de comida.
- Localiza algún sitio cercano donde puedas comer algo en el caso de que todo se tuerza.

Si estás en un sitio más o menos aislado, llévate algo que no se pueda estropear para poder comer en algún momento.

Cómo mantener la convivencia con no veganos

- Propón alternativas de forma proactiva, ya sean postres, restaurantes o actividades.
- ¡¡Cocina rico!! ¡Que todos quieran probar tu plato!
- Demuestra con tu ejemplo que se puede llevar una vida satisfactoria.
- Resuelve sus dudas solo cuando pregunten, sin afirmaciones categóricas.
- Evita la confrontación directa: se trata de convencer, no de vencer.
- Antes de juzgar a otra persona recuerda que no hay nadie cien por cien vegano.

Para las comidas de trabajo haremos exactamente lo mismo, ya sean informales o cenas de empresa a las que debamos asistir. Este tipo de compromisos sociales no deberían ser un problema para las personas veganas, pero si no hay ningún vegano más, hay que entender que deberemos informar con tiempo y ser muy proactivos a la hora de ofrecer soluciones sencillas.

Compartir cocina con omnívoros

En cualquiera de las fases de la transición —al principio, cuando has empezado a reducir algunos productos o, más tarde, cuando ya has conseguido eliminar totalmente

---

Una cocina en paz

Limpiar bien todo lo que utilicemos para cocinar.
- Dividir la nevera y el congelador para separar los alimentos.
- Utilizar envases o tuppers opacos para la carne o el pescado.
- Rotular de forma visible los tuppers para evitar confusiones desagradables.
- Reservar sartenes y utensilios específicos para cocinar solo comida vegetal (o al revés).
- Ventilar la casa después de cocinar.
- Decidir qué productos de origen animal no estarán, de ninguna manera, a la vista. Por ejemplo, el embutido, el queso o un animal entero, como podría ser un conejo.
- Pactar qué estará fuera de los límites de convivencia. Por ejemplo: las langostas vivas.

---

los ingredientes de origen animal—, podemos encontrarnos con la incómoda tarea de tener que compartir la nevera con una persona omnívora. Ya sea en casa, con nuestra pareja o compartiendo piso de forma permanente o temporal, hay distintas tácticas para reducir los inconvenientes de compartir cocina.

Ya sea porque hay una persona en la que se delega esta tarea, porque es una obligación familiar o porque se realiza por turnos, en la convivencia con omnívoros debemos tener en cuenta que nos pueden pedir que cocinemos comida omnívora para los demás.

Es una cuestión delicada, ya que nuestras nuevas inquietudes no siempre se tratarán con empatía. Habrá que explicar pacientemente por qué nos incomoda cocinar animales (también para otras personas) y hacerles comprender, de nuevo, que ser vegano no es comparable a llevar una dieta de adelgazamiento, que, en principio, solo afecta a quien la sufre. Para muchas personas, este tipo de cuestiones es innegociable; para otras, las obligaciones familiares se anteponen. En ambos casos, debemos poder llegar a algún acuerdo y, ante todo, evitar una confrontación dolorosa. Aquí van algunas ideas para ofrecer alternativas y reorganizarnos desde la proactividad:

- Asignarnos la preparación de aquellos platos del menú que son vegetales.
- Dejar parte de las preparaciones listas para que los omnívoros añadan productos de origen animal si lo desean. Por ejemplo, una ensalada de pasta sin atún ni huevo, o unas lentejas viudas.

- Cocinar alternativas a la carne o el pescado que sean similares. Se puede hacer salsa boloñesa con proteína de soja texturizada o de guisante.
- Comprar sustitutos vegetales de calidad, con textura y sabor similar, que puedan convencer a los omnívoros.
- Si no vas a cocinar, cambiar la cocina por otros trabajos, de forma equitativa.
- Si no vas a poder evitar algunas preparaciones, establece los límites que te parezcan tolerables para tu etapa de transición.

Las personas veganas que se encuentran en la obligación de cocinar para otros lo que nunca harían para ellas mismas necesitan apoyo, no críticas. Una gran fuente de ayuda son los libros y los blogs que explican cómo veganizar recetas tradicionales.

Los sustitutos vegetales, en forma de carne vegetal, de hamburguesas o de *nuggets,* suelen ser mucho más caros que lo que cocinamos normalmente en casa. Además, como la mayoría de ultraprocesados son poco saludables, tampoco es aconsejable basar nuestra alimentación en ellos. Buscaremos una solución de compromiso entre la salud y la ética.

¿Por qué las llamamos hamburguesas si no son de carne?

Cuando hablamos de sustitutos de los productos de origen animal, los nombramos igual que a ellos. Hay hamburguesas de legumbres en el supermercado, usamos cho-

rizos de calabaza para las lentejas y gambas de soja congeladas para Navidad...

Pero no todas las personas que llevan una dieta vegetal,
incluyendo a los vegetarianos, usan este tipo de productos.
En realidad, podríamos dividirlos en dos grandes grupos:

- Los que no quieren volver a probar nada que les re-
  cuerde al sabor o textura de los productos animales,
  especialmente de la carne y del pescado.
- Los que disfrutan de los sustitutos y los productos
  falsos o trampantojos porque no quieren renunciar
  a esos sabores.

El gran argumento para los sustitutos, ya sean caseros
o industriales, es el hábito. En el caso de los industriales,
también la disponibilidad. Tener la oportunidad de cocinar
de la misma forma, casi sin cambiar de menú y con gustos
parecidos, facilita la transición o el acercamiento de muchas personas.

Y, precisamente porque a muchas personas les mueven
los gustos, hay hamburguesas con recuerdo a pollo o hay
gente que hace en su casa falsos chorizos veganos, por poner dos ejemplos muy comunes. El hecho de seguir utilizando el nombre del producto en cuestión es para poder
entendernos. Al fin y al cabo, también hay hamburguesas
de pescado, aunque estas últimas no son las que le preocupan a la industria cárnica.

En algunos países se empieza a legislar para que no se
puedan usar nombres de formatos como «hamburguesa» o
«salchicha». Como se ha hecho ya con las «leches vegetales»,

que actualmente ya son nombradas como «bebidas vegetales» en muchos países. Aunque a nivel nutricional las composiciones son muy diferentes, en muchos de estos casos se está prohibiendo utilizar denominaciones que eran perfectamente comunes mucho antes de que apareciese el veganismo.

Además de esta situación, también hay muchas personas omnívoras a las que les molesta que se sigan usando los nombres de los productos cárnicos. Suelen alegar que, si una persona vegana no quiere comer nada de origen animal, tampoco debería consumir un producto vegetal que se le parezca. Pero, en realidad, ¿no es comprensible que las personas veganas que tienen un lazo emocional con algunas comidas, sabores o gustos, quieran conseguir lo mismo, pero en versión vegetal?

Es un momento espléndido para recordarle a esa persona que el veganismo no es una dieta o una cuestión de gustos: una persona vegana no deja de consumir un bistec, un trozo de queso o sushi porque no le guste el sabor de la carne, le sienten mal los lácteos o le disguste el pescado crudo, sino por ética. Quizás algunas personas se introduzcan en las dietas vegetales y finalmente en el veganismo así, pero muchas otras simplemente deciden abandonar los alimentos de origen animal, aunque les encanten.

El compromiso con la liberación animal va más allá del plano de la comodidad y los gustos personales, pero sabemos que, en el ambiente carnista que vivimos, las opciones y la cultura gastronómica son un condicionante importante. Así que somos los mismos veganos los que creamos o demandamos esos productos sustitutivos: recreaciones éticas que acerquen el veganismo a más gente.

«¿Eres vegano y tienes mascota?» Es muy improbable que una persona vegana utilice la palabra «mascota». En el mundo especista en el que vivimos, hemos interiorizado que los animales pertenecen a diferentes categorías, dependiendo de su utilidad para el ser humano, a saber: los que tememos, como arañas y tiburones, los que comemos, como las gallinas o los corderos, los que podemos utilizar para desplazarnos, como los caballos o los elefantes... Sin embargo, las mascotas son (o deberían ser) aquellos animales que merecen ser amados y formar parte de la familia para acompañarnos. No se les cría para el engorde, porque su destino no es el matadero, si bien algunos pueden encontrarles utilidad como ganadores de trofeos de belleza o de pureza de clase.

Al ver este tipo de clasificación completamente aleatoria desde fuera de nuestra burbuja cultural, comprendemos que lo que en el mundo occidental son mascotas, como los perros y los gatos, en otras latitudes es comida. Es sabido que en algunas zonas de China se consume carne de perro como alimento y en Corea la sopa de gato no llamaba la atención hasta hace poco tiempo.

Sin duda, los perros han sido muy útiles a la especie humana; nos han ayudado a cazar y a pastorear rebaños antes de convertirse en el mimado de la familia. Exactamente algo parecido ha pasado con los gatos, que se toleraban porque mantenían a raya a otros animales que creaban problemas en cultivos o en las propias casas. Un gato era una buena garantía para tener pocos ratones. Ahora mismo, en las ciudades, a pesar de las ratas y ratones que viven en ella, los gatos tienen otra función: ser los reyes de Instagram.

Además del choque entre diferentes culturas, el gran problema relacionado con los animales domésticos es que han perdido sus instintos y hábitats. Ahora, ni los perros ni los gatos domésticos pueden (ni deben) sobrevivir en ciudades o bosques, abandonados.

El problema de los animales salvajes que raptamos de sus familias para ser domesticados es aún peor: les espera una vida de sufrimiento e infelicidad lejos de su familia y su casa.

Entonces ¿puede un vegano tener mascotas?

¡Por supuesto! Una persona vegana puede convivir con animales no humanos en su casa. Pensar que tener a un animal doméstico encerrado es una mala opción, no tiene sentido.

Durante décadas, la selección humana y los cruces los han alejado de lo que eran, y ahora nos necesitan. Por eso la opción vegana para convivir con un animal en casa es, sin duda, adoptar, nunca comprar. Pongamos nuestros esfuerzos en las adopciones responsables. La compra de animales genera explotación: si hay un bebé a la venta, es porque hay una madre dando a luz camadas de forma repetida que le son arrebatadas: esa suele ser la realidad más habitual, sobre todo cuando la intención de que nuestra mascota se reproduzca es aprovecharla como recurso monetario.

Mientras esto ocurre, cientos de miles de animales domésticos son abandonados. Rescatar a estos animales y darles un hogar, una opción de vida digna, es perfectamente coherente con ser vegano. La opción que nunca entrará en el veganismo es la tenencia de animales protegidos o salvajes. Ni un chimpancé ni una boa constrictor serán jamás felices con nosotros. El chimpancé necesita a su familia y a su comunidad, y la boa incluso podría llegar a un punto en el que intente comerte, porque, simplemente, esa es su naturaleza. Un mapache podrá hacerte reír en un vídeo, pero pertenece a otro lugar que no es tu habitación. Lo que no está prohibido no implica que sea ético.

¿Y cómo lo alimento?

Hemos llegado a la parte complicada. Entender que adoptar o rescatar son las opciones correctas es relativamente sencillo. También puede ser que ya tuviésemos algún animal en casa antes de dar el paso y el pobre se ha encontrado con el tránsito al veganismo.

Así que si has pensado en qué estás poniendo en tu plato, de repente también te preguntarás qué pones en el de él. Si se trata de una tortuga, un conejito o un periquito, evidentemente la solución es muy simple: seguimos como estábamos. Pero ¿y mi perro?, ¿y mi gato?

Si nos encontramos en la situación de tener un animal que necesita cebo vivo —es decir, ratoncillos como comida para una serpiente—, seguramente podríamos empezar el debate argumentando que esta no debería siquiera estar en tu casa. Esta situación te llevará a replantearte la tenencia del animal, pero, una vez contigo, es importante no abandonarlo en cualquier parte. Búscale un lugar donde sea más feliz y olvida la idea de que una serpiente puede ser un buen animal de compañía.

Si es un perro, lo cierto es que hay piensos veganos excelentes, incluso latas de comida fresca vegana. Como son omnívoros, no tendrás problemas de conciencia. Si es un gato, es más complejo, ya que son carnívoros. Pero también existen piensos veganos de calidad para gatos. Aparecen varios problemas: muchos veterinarios afirman que su composición no es sana, sin olvidar que es posible que, simplemente, no tengas acceso a esa comida vegana especialmente diseñada para ellos. En este punto, lo mejor que podemos hacer es minimizar el impacto: elegir una marca que contamine lo menos posible, que sea de cultivo ecológico o que al menos nos garantice la salud del animal. ¡Y no quites el ojo a la innovación en piensos! Llegará el momento en que no tengamos que recurrir a la compra de comida a base de animales que no queremos en nuestro menú ni en el de los que viven con nosotros.

La lana y el pelo de animales de granja rescatados

A las ovejas rescatadas hay que esquilarlas, no hacerlo sería perjudicial para ellas. Después de tantos años de selección, el pelo les crece de una forma exagerada para la vida en libertad, haciendo que tengan que cargar con un peso extra y que se puedan enredar en cualquier sitio. En el caso de este tipo de oveja lanera, se le retira el pelo sobrante de forma respetuosa. En los santuarios de animales, este pelo se utiliza para acomodar y calentar a las propias ovejas y a otros animales que lo requieran.

Qué hacer con los huevos de gallinas adoptadas

Las gallinas ponedoras darán una gran cantidad de huevos, aunque no estén en una granja con la luz y a temperatura controlada. Incluso si no son de razas ponedoras, son individuos seleccionados para un máximo rendimiento. Una opción es que las gallinas se coman esos huevos para recuperar los nutrientes. No se trata de un comportamiento fuera de lo común, pero se les puede ayudar rompiendo los huevos.

Otra opción, para evitar problemas graves de salud a largo plazo, es la esterilización. Así, las gallinas tendrán una vida más larga y evitarán algunos de los problemas que suelen acabar con sus vidas.

La visita al médico

Hay que remarcar que la nutrición no es un tema que se estudie de forma extensa en la carrera de enfermería o de medicina. Por ello, a pesar de la cantidad de asociaciones médicas a nivel mundial que avalan las dietas vegetarianas y veganas como seguras, no siempre encontraremos una opinión favorable en el ámbito sanitario.

En muchos países donde el veganismo ha crecido hasta normalizarse, como Alemania o Gran Bretaña, ser vegano no tiene ninguna implicación especial. En otros lugares, donde el veganismo acaba de aterrizar, es minoritario o poco conocido, puede resultar difícil encontrar un médico de familia actualizado en el tema. Es decir, alguien que entienda que una dieta cien por cien vegetal no tiene implicaciones negativas para la salud siempre que esté bien planificada.

En el caso de que la situación no permita continuar con una dieta completamente vegetal, algo que será normalmente temporal, hay que valorar las implicaciones para la salud derivadas del hecho de contravenir las indicaciones médicas. Lo cierto es que en muy contadas ocasiones será realmente necesario cambiar de dieta otra vez, por lo que es conveniente buscar una segunda opinión de un profesional que esté al día de las nuevas estrategias nutricionales que pueden ayudarnos con nuestros problemas de salud de forma efectiva y, además, ética.

Muchas patologías requieren pautas alimentarias concretas. A veces solo hay que variar los hábitos durante un tiempo, como, por ejemplo, seguir una dieta blanda durante una gastroenteritis; mientras que en otros casos esos cambios serán permanentes, como ocurre cuando padecemos diabetes. Por ello, en cualquier situación y de forma preferente, una vez tengamos el diagnóstico, lo ideal es solicitar una pauta dietética personalizada a un profesional de la nutrición. Un nutricionista especialista en la patología que se quiere tratar y que haya trabajado con dietas vegetales nos será de gran ayuda.

También puede ocurrir que algunos problemas de salud

se achaquen al hecho de no estar llevando una dieta omní-vora convencional. No es tarea de ningún paciente infor-mar o instruir a su médico. Si nos encontramos con que la recomendación recurrente a cualquier dolencia es comer un filete, volver a tomar lácteos, o tomar pescado dos veces por semana, la mejor opción es cambiar de médico. Un intercambio de impresiones puede ser útil en un momento dado, pero ante una actitud despectiva y poco comprensi-va hacia el veganismo, tanto de médicos como de dietistas, deberíamos considerar retomar la búsqueda hasta dar con un profesional más respetuoso con nuestro estilo de vida.

Hay que dejar bien claro que ser vegano no implica que comas de forma saludable. Y hay que entender que comer saludable no es suficiente cuando tienes problemas médi-cos concretos, de modo que es importante encontrar a esos expertos en los que poder confiar, que no te hagan sentir juzgado.

Un hogar sano y vegano

Además de llevar una alimentación vegana y usar pro-ductos de cosmética veganos, también querremos vivir en un hogar vegano. Si bien es casi imposible revisar que los materiales que se han utilizado en la construcción de nues-tro espacio sean veganos (colas, pinturas, muebles que no podemos mover...), la decoración de nuestra casa o aparta-mento es más fácil de seleccionar.

Llegar a vivir en un hogar respetuoso y ético es un proceso muy largo y seguramente lo más costoso de toda la transición. Posiblemente, la gran mayoría de personas veganas no lo consigan nunca, sin ser por ello menos éticos: ¡hay que recordar que todos somos veganos imperfectos!

Vivir en una casa más sana y respetuosa con los animales se puede conseguir de distintas formas, por difícil que parezca. Algunas de ellas son muy sencillas:

- Ventilar las habitaciones de forma natural diariamente.
- Utilizar plantas para purificar el aire, como la cinta, el poto, el aloe vera o el ficus. Si se convive con animales, comprar aquellas que no sean tóxicas para ellos.
- Reducir o eliminar los productos químicos de limpieza.

Este último punto es el más importante a la hora de mantener los espacios de forma ética, ya que muchos productos químicos no solo hacen daño a los habitantes de la casa, sino también al medio ambiente.

La idea principal es limpiar sin esparcir tóxicos por todas partes. Por lo tanto, se puede empezar con una de las sugerencias ya mencionadas: comprar productos de limpieza certificados ecológicos. Y si encima puedes comprarlos a granel, para reducir el uso de plástico, ¡todavía mejor! También hay algunos productos, como el jabón, que se pueden comprar en versión sólida.

Para dar un paso más, podemos sustituir algunos productos industriales por productos naturales, más baratos y también muy efectivos. Es muy difícil llegar a utilizar tan solo productos caseros o naturales, pero algunas de las opciones son muy sencillas de incluir en nuestra rutina de limpieza. Se trata de productos que normalmente ya tenemos en casa o que se pueden encontrar en cualquier supermercado.

Con esta lista de básicos para la limpieza, reducirás el consumo de productos industriales:

Limón
- Tiene un maravilloso olor cítrico y ayuda a eliminar las manchas.
- Se puede utilizar mezclado con agua para limpiar los platos y la vajilla con un cepillo.

Vinagre
- Es el desengrasante más barato que se puede encontrar, con el extra de que sirve también como bactericida. No tiene un olor agradable, pero una vez seco, no se nota. También ayuda a abrillantar, eliminar manchas y la cal. Es sin duda un todoterreno de la limpieza natural.
- Se puede fregar el suelo con medio vaso de vinagre en agua templada o caliente, sin necesidad de jabón o detergente.
- También sirve para limpiar otras superficies, como los muebles del salón, pero siempre con cuidado para que no estropee los muebles (esto se evita simplemente añadiendo a la mezcla más agua que vinagre).

Bicarbonato

- Es muy sencillo de encontrar, tiene un uso muy interesante como desodorante y es bactericida.
- Es muy útil para limpiar la cal de la cafetera o el óxido de los grifos.
- Mezclando bicarbonato con vinagre tendremos un limpiador ideal para el baño. Cuando se echa primero una buena cantidad de bicarbonato y posteriormente se añade vinagre templado (nunca caliente), se crea espuma: esta mezcla también sirve para prevenir atascos de tuberías.

El tinte, los tatuajes y la manicura

La cosmética es algo más complicada que la alimentación pero, como esta, con tiempo y un poco de investigación es fácil de controlar en casa. También hay muchos blogs y foros en internet con información útil al respecto.

Pero ¿qué hacer si vamos a la peluquería? Encontrar un tinte natural que te guste y cubra las canas puede ser algo más complicado. Detectar una peluquería o barbería que utilice productos aptos o un centro de manicura con productos veganos es mucho más complicado de lo que parece *a priori*.

Los aceites para la barba pueden ser veganos y orgánicos pero, como con todos los productos, hay que leer etiquetas y buscar marcas concretas. Muchas marcas de cuchillas, tanto para barba como para vello corporal, experimentan con animales. Además, en el caso de las uñas, algunos tipos de esmaltado no son veganos. Todos los que son de muy larga duración suelen llevar componentes de origen animal, como el Shellac, que es una resina producida por insectos.

Si los tintes para el pelo pueden no ser veganos, ¿qué pasa con la tinta para tatuajes? Hay muchos colores que, de entrada, no son veganos. Las tintas certificadas veganas existen, y también las hay que no están certificadas pero que nos aseguran que no tienen ingredientes de origen animal. Las leyes sobre qué tipo de tintas son aptas para tatuar cambian mucho de unos países a otros, así que puede llegar a ser un tema espinoso. En un caso así, lo más seguro es acudir a un estudio de tatuaje donde haya personas veganas que puedan asegurarnos la procedencia de la tinta y que nos indiquen cremas de cuidado que sean aptas, ya que las más conocidas no lo son.

El problema aquí, en especial con los tatuajes, es el limitado abanico de profesionales a los que podremos acudir.

Tengo un trabajo especista

¿Puede un ganadero ser vegano? ¿Y un zapatero? ¿Se puede ser camarera y vegana, si tienes que servir carne o pescado durante ocho horas al día?

Hay testimonios de personas que han acompañado su transición al veganismo con una transición laboral. Personas que, siendo veganas, trabajan en cocinas de restaurantes que no lo son. Hay otras historias más espectaculares: ganaderos que un día cambiaron su modo de ver a los animales y no solo se hicieron veganos, sino que fundaron un santuario; cocineras que decidieron abrir su propio negocio para no volver a utilizar animales en la cocina...

Pero no todos pueden cambiar radicalmente su trabajo para contar una buena historia. Para ellos, la transición, que ya es un periodo complicado de por sí, puede volverse mucho más difícil desde el punto de vista laboral.

Trabajar ocupa una parte importante del tiempo diario de cualquier persona. En algunas culturas, el trabajo define a las personas y les otorga un estatus social. Más allá de los inconvenientes que puedan surgir con los compañeros de trabajo, está el entorno de trabajo y el trabajo en sí.

Hay empresas en las que la existencia de explotación animal es obvia por ser los animales la parte central del negocio. Un laboratorio que experimenta con animales, una tienda de muebles o de ropa donde el reclamo es la piel auténtica, son lugares de trabajo donde claramente una persona vegana no se sentirá a gusto.

Como ocurre con la alimentación, empezamos viendo aquello que es más evidente y, a medida que vamos profundizando, nos damos cuenta de que hay productos animales escondidos en los lugares más inverosímiles... Aun trabajando en una oficina en la que aparentemente no se tiene ningún contacto o interacción con los animales, encontraremos productos no aptos: el material de oficina, como bolígrafos y pegamento, los sofás o los productos de la máquina de *vending*. Mientras que algunos podrán ser eliminados o reemplazados fácilmente cambiando de marca o de modelo, con otros será imposible.

Puede que te encuentres en el momento de decidir en

qué quieres formarte. Si es así, podrás tener en cuenta tanto el temario como el enfoque de la formación, sin olvidar sus exigencias. Las personas que llegan al veganismo mucho más tarde no pueden hacer esta evaluación previa.

Para algunas profesiones, es posible que haya que estudiar una carrera enfocada desde el especismo. Las escuelas de cocina, las facultades de veterinaria, las universidades y los centros de estudios, en general, tienen un enfoque especista. Cuanta más relación tenga con los animales, más probable es que se exijan prácticas contrarias a la ética animalista para obtener la titulación.

El caso de los estudios de veterinaria es paradigmático. Es muy habitual que quien estudia para ser veterinario lo haga movido por su amor a los animales, por su interés en su cuidado. La realidad es que es una carrera que se complementa totalmente con los estudios agropecuarios. No son estudios pensados para el bienestar animal, sino para maximizar las ganancias del sector ganadero, en el que los animales de granja son cosificados, convertidos en objetos donde su importancia se mide por la rentabilidad.

En el trascurso de otros estudios, como los de Biología, las facultades exigen prácticas obligatorias donde debe practicarse la vivisección de un animal, normalmente una rata criada con unos patrones específicos para la experimentación.

Los estudiantes pueden organizarse para negarse a realizar ese tipo de prácticas, aunque en muchos centros no tendrán la posibilidad de hacerlo sin renunciar a la titulación. Buscar alternativas educativas que respeten los derechos de los animales es una posible tarea a cumplir por los estudiantes, junto al profesorado y los pedagogos activistas del animalismo.

Dado que raramente habrá cambios en nuestro entorno laboral, tendremos que decidir cómo incorporar el veganismo en nuestro trabajo evitando que afecte de forma negativa a nuestra vida. Como en cualquier otro ámbito social, hay muchas estrategias válidas que podemos seguir. Encuentra la que encaje mejor con tu vida y tu situación, y valora la repercusión de tus actos como activista en tu entorno laboral.

Ideas para la transición laboral

- No desprecies tus habilidades y competencias; pueden ser muy importantes para el veganismo y los animales.
- Valora si puedes (y quieres) marcar la diferencia dentro de la empresa o la industria en la que estás.
- Plantea mejoras o alternativas favorables para el negocio, a nivel económico o de reputación, que también beneficien a los animales.
- Busca otras empresas cuya política se ajuste más a tus principios.
- Cambia a otro sector que te haga sentir mejor.
- Fórmate para poder acceder a una posición laboral más acorde con la ética animalista.
- Piensa qué puedes aportar: tus aficiones pueden convertirse en tu trabajo.
- Planifica la transición laboral como un cambio de carrera profesional.

- Busca consejo profesional que pueda ayudarte con la reorientación.
- Evalúa tus necesidades económicas reales: ten en cuenta las cargas familiares, deudas, hipoteca, ahorros, propiedades.

Anteponer los principios de una causa noble a la estabilidad económica es muy loable, pero nadie debería ponerse en riesgo de pobreza. Se puede conseguir mucho con paciencia y tiempo, aunque nos parezca que no aportamos tanto. Recordemos que, ante la posibilidad de quedar en riesgo de exclusión, siempre será mejor ir sin prisa... ¡pero sin pausa!

Los trabajadores de los mataderos

Si hay carne en los supermercados, en las carnicerías y en los platos de tantas familias, es porque hay unas personas que realizan un trabajo muy concreto: matar a los animales que la proporcionan.

¿Qué pensaríamos si un niño o un adolescente nos dijese que su sueño es trabajar en un matadero? Es algo que no desearíamos para ninguna persona cercana: trabajar con la muerte. Sin embargo, el oficio de matarife es imprescindible en una sociedad carnista.

A pesar de su importancia, las personas que trabajan en mataderos suelen ser marginales. En muchos países, la mayor mano de obra de los mataderos es población de clase baja, pobre o en riesgo de exclusión; en los países más ricos, muchos de esos trabajadores son inmigrantes que no pueden acceder a otro tipo de trabajo.

Los mataderos no son lugares que se visiten habitualmente. Todos sabemos que no son como otros centros de trabajo. La gran demanda de carne, la normativa de seguridad alimentaria y el cambio de hábitos a una dieta occidental con alto consumo de carne por parte de otras regiones del mundo han cambiado completamente el volumen de trabajo. Nos resulta más sencillo pensar que todo ocurre de una forma muy automatizada y aséptica, que no hay personas que se manchan las manos de sangre.

Ya sea un matadero moderno (con la última tecnología y cumpliendo todos los estándares bienestaristas conocidos) o uno donde los animales aún mueren apaleados, tanto el resultado como la mayor parte del proceso es extremadamente parecido. Eso los expone a un alto grado de disociación ante la muerte y la violencia.

Abrir un negocio vegano

Una de las soluciones que encuentran muchas personas veganas para cambiar su trabajo actual por uno que se ajuste más a sus convicciones es el autoempleo. Montar una tienda de productos veganos alimentarios, abrir un bar o hacer pasteles y comida por encargo han sido salidas muy habituales para aquellos que querían llevar su activismo a su vida laboral. A diferencia de otras motivaciones más convencionales, la mayoría de estos negocios busca, ante todo, trabajar en un entorno ético. Conforme el veganismo avanza, en una zona comienzan a surgir tiendas de ropa y calzado vegano, en otra, marcas veganas locales de «embutidos» y, poco a poco, se unen otras tantas más de zapatillas o de cosmética. En ciudades en las que el veganismo está en auge, incluso se pueden encontrar peluquerías y salones de belleza de filosofía vegana.

Las personas que dan este paso no siempre tienen formación en hostelería, restauración o marketing, ni tampoco en gestión empresarial. La ilusión por hacer algo positivo por los animales no debe hacer olvidar al que emprende que sin ganancias el negocio no se sostiene. Que haya una buena causa detrás, y que se trate de una buena idea o de algo innovador, no implica que vaya a triunfar necesariamente. Hay que tener siempre muy en cuenta las consideraciones básicas de cualquier negocio, tanto a nivel financiero y fiscal como a nivel de gestión.

Es innegable que poder desarrollar una actividad profesional acorde con nuestra ética es una ventaja, pero por lo demás seguirá siendo un negocio vegano dentro de un sistema económico en el que el veganismo solo se valora si es rentable. El pago de salarios dignos, los pagos de impuestos y seguros, la regularización de todos los trabajadores, un espacio de trabajo seguro y unas condiciones de trabajo éticas obligarán a una obtención de ingresos más alta para tener beneficios y cubrir la inversión.

Asimismo, el motivo de que no exista aún otro negocio parecido puede que se deba a que el mercado no está maduro, a que no hay masa potencial de clientes o a que los costes reales a la hora de desarrollar esa actividad sean desorbitados. Otras razones pueden incluir que haya algunas barreras de entrada muy elevadas: algunos sectores están protegidos por normativas y leyes que solo pueden cumplir empresas muy grandes. Otros implican una inversión inicial inasumible para la tasa de ganancia de los primeros años, por lo que no todo el mundo podrá acceder a montar ese tipo de negocio. Tener todas estas cosas en cuenta es muy importante para enfocar los esfuerzos en proyectos que sí sean viables y productivos, además de éticos y respetuosos con los animales y las personas.

Aquí van unos consejos para no tener que «bajar la persiana» antes de tiempo:

- Hay que ponerse un sueldo: el negocio tiene que permitir que todos los que trabajen puedan vivir dignamente de él.
- Mejor no emprender en solitario: buscar inversores, socios o una red de profesionales en los que apoyarse.
- Hay que hacer un estudio de mercado: analizar a nuestros clientes objetivos y tomar decisiones, valorando la información recogida. No sirve que todos nuestros conocidos veganos digan que van a ir a nuestro negocio o usar nuestro servicio. La situación más realista es que la mayoría solo acuda alguna vez o nunca llegue a pasarse por allí.
- Ser vegano puede ser un *plus* para seleccionar a un trabajador, pero nunca la única condición.
- El público vegano no solo quiere productos veganos: los quiere de calidad, accesibles, a buen precio y acorde a otros criterios.
- En los negocios de restauración hay que tener en cuenta las diferentes corrientes alimentarias del veganismo, las intolerancias alimentarias y los produc-

tos que muchos veganos rechazan, como el aceite de palma.

- Debes saber que posiblemente la mayor parte de la clientela no sea vegana ni entienda qué es el veganismo.
- Atraer a estas personas no veganas, ya sean personas afines o a las que el veganismo no le interesa lo más mínimo, es necesario para la supervivencia del negocio; son la mayoría.
- La comunidad vegana es heterogénea, tanto en gustos como en niveles económicos. El precio y el estilo del negocio pueden ser barreras para estas personas (o, al contrario, ¡una buena razón para preferir el tuyo al de la competencia!).
- Que no se exploten animales pero sí se exploten personas puede encajar en algunas definiciones de veganismo, pero no es ético.
- La comunidad vegana no apoyará a un negocio por el simple hecho de ser vegano. La localización y la accesibilidad serán factores igual de importantes que para cualquier otro negocio no vegano.
- Anunciarse en foros, grupos y redes sociales veganos no es suficiente: muchas personas no se enterarán sin otras acciones de marketing.
- Realizar un análisis de la competencia es esencial, tanto de negocios veganos como de negocios que no lo son y que compiten por el mismo cliente o usuario.
- Adaptarse al mercado y a las opciones aptas para veganos que van surgiendo es una necesidad real.
- Accede a formación específica para el sector en el que se desarrollará tu negocio.

- Ten unas expectativas realistas de las horas de trabajo y la inversión que es necesaria para llevar adelante el proyecto.
- Recuerda: ser los primeros no implica siempre ser los mejores.

Diversión sin crueldad

Hay actividades de ocio que chocan tan frontalmente con los valores del veganismo que son fácilmente reconocibles. Y aunque no lo sean al principio, desde el activismo animalista se hacen muchas campañas. Está claro que la caza o el tiro al pichón no pueden ser considerados deportes o pasatiempos aceptables, pero tampoco la hípica.

Adiós al zoo y al circo

Los caballos en un entorno salvaje crean lazos afectivos que no se dan cuando están domesticados y domados. Para que el caballo obedezca, lleva un artefacto en la boca llamado bocado, que al tirar de las riendas le puede dañar el paladar. Tampoco la postura que deben tomar en la mayoría de los deportes es la adecuada para ellos. Es decir, incluso en situaciones en las que desde fuera parece que un animal está bien cuidado y es querido, es muy probable que la actividad que realiza le esté causando un daño.

Lo mismo ocurre en los circos con animales y en los delfinarios. Están atestados de animales salvajes —como elefantes, osos, tigres y delfines— que necesitan grandes extensiones de terreno y se ven confinados en pequeñas jaulas. Muchos no han nacido en cautividad, sino que han sido raptados de sus familias y de su entorno cuando eran muy pequeños, para ser sometidos a un adiestramiento extremadamente cruel y a una vida solitaria y deprimente sin los suyos.

Otro lugar que vemos con diferentes ojos en el momento en el que nos cuestionamos nuestra posición en relación con los animales es el zoo, donde encontramos los delfinarios u otros animales marinos. Los zoos puede que cumpliesen la labor educativa y de conservación que proclaman bajo los estándares del siglo pasado, pero ahora mismo se han convertido simplemente en negocios. Ahora sabemos que la conservación de especies debe ser realizada en su propio hábitat, habilitando vastas extensiones de terreno para ello. Con la revolución digital, no es necesario tener a un animal cerca para conocerlo, por lo que la parte educativa se puede resolver perfectamente con recursos audiovisuales. En cuanto a la investigación, los zoos dejaron de ser un lugar óptimo hace tiempo, cuando se comprobó que su comportamiento en cautividad no se corresponde con el que tienen en la naturaleza.

En cualquier caso, el motivo más aplastante para estar en contra de estas instituciones es la privación de libertad de esos seres vivos; el resto de argumentos se han ido desmotando con el avance del conocimiento y la tecnología.

Turismo responsable

Cuando salimos de viaje, tendemos a relajar nuestros hábitos. Una vez fuera de nuestra zona de confort, salimos de casa con la idea de disfrutar al máximo del viaje y empaparnos de nuevas experiencias, nuevos sitios y costumbres. Es posible que nos encontremos muy cerca de animales que nos tienen fascinados desde niños, y la tentación de acercarnos a ellos se hace evidente.

Nadar con delfines, que en realidad están confinados en un trozo de playa, es igual que visitar un delfinario. Montar en camello o en burro tampoco es una necesidad real para movernos por ninguna parte del mundo. ¿Realmente necesitas subir a un elefante para vivir la experiencia completa? Todos estos animales viven en duras condiciones de trabajo para que los turistas tengan una experiencia más que contar a la vuelta. Con las redes sociales, capturar la imagen se ha convertido en la obsesión de las vacaciones convencionales.

Si nos ofrecen un paseo en elefante, es bastante sencillo ver que ese animal con las patas encadenadas no es libre, pertenece a alguien. Pero, por desgracia, hay muchas otras situaciones en las que no es tan fácil tener claro si un animal está siendo explotado o no.

Por otro lado, la excepcionalidad de muchas zonas vírgenes las convierte en perfectos destinos turísticos y se acaban dañando y perdiendo, con lo que esto implica para los animales y la gente que vive allí. En algunas ocasiones, la falta de conocimiento nos puede llevar a dañar un entorno natural sin ni siquiera darnos cuenta. Ocurre con el fondo marino por simplemente montar en una embarcación no adecuada, hacer buceo y ser poco cuidadosos, tirar desechos, etcétera. Así, esa experiencia vacacional de buceo contemplando la fauna marina puede en realidad estar poniéndola en riesgo.

Actualmente, ya hay muchas personas preocupadas por disfrutar de un turismo ético. En el caso de los elefantes, se han lanzado diferentes campañas de concienciación, y ahora mucha gente prefiere admirarlos en santuarios. Pero ¡no nos lo creamos todo! Ni todos los santuarios de elefantes están libres de explotación ni realmente se encargan de cuidar de estos gigantes tras una dura vida; muchos ofrecen espectáculos en un entorno que, en apariencia, es más amable pero que en el fondo es exactamente igual que un circo.

Felices vacaciones veganas

El veganismo es algo desconocido en muchos países, pero eso no nos impide viajar y conocerlos. Es posible que desconozcamos sus costumbres, su cultura gastronómica y sus platos típicos, así que lo mejor es anticiparnos. Si planeas un viaje, prueba lo siguiente:

- Busca en blogs y redes sociales la experiencia de otros veganos.
- Apunta con antelación restaurantes veganos o con opciones.
- Si no dominas el idioma, apunta las palabras clave que te puedan ayudar a evitar lo que no quieras comer.
- Aprende la traducción de «soy vegano» o «soy vegetariano», pero recuerda que será más útil aprender a decir exactamente lo que no comes.
- Elige un aparthotel o un apartamento con cocina si te encuentras en territorio hostil.

- Revisa las peculiaridades gastronómicas de la zona a visitar. Un plato nos puede parecer totalmente vegetal y, en cambio, estar cocinado con caldo animal; la pasta puede llevar huevo, nata o yogur para ser más cremosos y no siempre aparece indicado.
- Las barritas de proteínas y los frutos secos ocupan poco espacio y los puedes llevar a cualquier parte.
- Evita los mercados, especialmente en aquellos lugares donde se vendan animales vivos.
- Infórmate bien de las actividades y espectáculos que vais a realizar con suficiente antelación para asegurarte de que no intervienen animales.

La tracción a sangre sigue siendo un método de transporte habitual en algunas zonas, pero siempre hay alternativas o mejores planes a realizar.

No te olvides de la sostenibilidad: algunos ecosistemas son muy frágiles y los animales salvajes necesitan que no nos acerquemos.

Adiós al queso

A la pregunta, ¿qué alimento hace que no puedas dar el paso al veganismo? La respuesta más frecuente es: el queso.

Siempre hay una piedra en el camino que hace que la transición al veganismo sea más difícil. Incluso una vez se consigue llevar una alimentación vegetariana estricta, es posible que haya sabores o texturas que se nos antojen ocasionalmente.

Para empezar, el queso forma parte de la dieta ovolactovegetariana. Para muchas personas vegetarianas, al dejar la carne y el pescado, el queso se convierte en el sustituto perfecto: es la alternativa más sencilla para bocadillos, pizzas, pasta, salsas, etc. Y algo similar ocurre con los huevos, que también cumplen esta función de sustituto proteico de origen animal. Por otro lado, tanto el queso como el huevo facilitan la vida social: salir a un restaurante o comer con la familia y amigos resulta mucho menos complicado. Así, esta ventaja inicial se puede convertir en una dependencia.

Actualmente, en los países en los que el veganismo se ha normalizado, hay una gran variedad de quesos vegetales. Este nuevo mercado es una buena noticia para dejar el queso de origen animal, pero hay que dejar claro que no implica que estos quesos sean saludables. Hay pequeñas marcas que producen queso mediante la fermentación de la grasa de algunos frutos secos, ofreciendo un producto nutritivo y apto. Sin embargo, la mayoría son alternativas industriales a base de patata o grasas de mala calidad y una gran cantidad de saborizantes y aditivos innecesarios en la dieta diaria.

Muchas personas tienen apego a algunos alimentos, como el queso, el chocolate o las patatas fritas, por culpa de lo que llamamos «hambre emocional». El hambre emocional puede aparecer en momentos de estrés, ansiedad o tristeza, e incluso por aburrimiento, y hace que comamos de forma impulsiva (y compulsiva). ¿Quién no se ha visto abriendo una bolsa de patatas con la intención de comer dos o tres y, antes de darse cuenta, verla completamente vacía?

Despídete del alimento seductor

- Planifica tu menú de forma semanal, asegurándote de tener cubiertas todas las necesidades y que, como extra, siempre haya algo que te entusiasme.
- Mantén la despensa libre de ultraprocesados y alimentos azucarados.
- Trata de buscar siempre la versión saludable: patatas al horno, queso vegetal artesano, cacao puro...
- Elige alimentos saciantes, como aguacates, copos de avena, sopas caseras y salsas como guacamole o hummus hechos en casa.
- Las patatas cocidas son la opción que más sacia y entran en las dos categorías anteriores. Pásalas por la sartén con unas gotas de aceite de oliva y añade pimienta. ¡Te olvidarás de las patatas fritas!

Deporte sin explotación animal

El veganismo y el deporte no se relacionan directamente, pero hay dos motivos principales para que haya que tenerlos en cuenta:

- Si se opta por una vida saludable, el deporte es una parte fundamental de ella. Las equipaciones deportivas no siempre pueden ser veganas en todas las disciplinas, o bien por su precio y disponibilidad son difíciles de conseguir.

- Muchas prácticas deportivas tienen incidencia directa sobre los animales o los ecosistemas donde viven. Más allá de los deportes como la caza o la pesca, que claramente entran en conflicto con los principios antiespecistas, el motocross, el esquí, el senderismo o la navegación recreativa también generan problemas para los animales.

Existen muchos ejemplos: antiguamente, los balones de casi todos los deportes se fabricaban en cuero. Ahora ya se usan otros materiales sintéticos, pero siguen siendo poco o nada reciclables y por lo tanto contaminantes. Aunque los materiales sintéticos, especialmente polímeros, son ahora mayoritarios en zapatillas deportivas, guantes y otros complementos de uso habitual, la piel sigue siendo un símbolo de producto de gama alta.

Las botas de fútbol de piel de canguro o los guantes de boxeo de piel son ejemplos claros. Aunque son productos al alcance de pocos, hay elementos del equipamiento deportivo que pueden tener procedencia animal. Las suelas de algunos zapatos también pueden ser de piel, o las etiquetas de la ropa o los gorros, y no siempre se indica de forma visible.

En deportes como la escalada, la mayoría de pies de gato son de piel, aunque ya hay marcas que dan opciones veganas con buenos resultados técnicos. Suelen ser más caras y su compra, a pesar de las páginas webs, no siempre están disponibles en nuestra región.

Es en estos momentos en los que hay que presionar a las marcas pidiendo opciones aptas, especialmente si ya hay productos que estén dando buen resultado, aunque sea en otros países.

El deporte es, además, un motivo más para viajar. Algunos destinos turísticos son famosos por sus olas para los surfistas, por sus fondos marinos para los buceadores o por sus cimas para los escaladores. También hay destinos exóticos específicos para retiros de yoga en algunas regiones de Tailanda o Indonesia, como la isla de Bali, y otros famosos por sus actividades al aire libre, como los partidos de voleibol en la playa o la caza de setas en algunos montes españoles.

La presión poblacional de estas zonas, muy pobladas solo en determinadas épocas del año, genera un consumo extra de recursos y la reducción del espacio natural debido a la construcción de alojamiento, tanto turístico como para trabajadores del sector. Los deportes de montaña como el esquí suponen un fuerte impacto, debido a que hay que construir infraestructuras para poder acceder a las pistas. La simple creación de carreteras y nuevas rutas implica la división del terreno, y el paso de un lado a otro de la vía acaba con la vida de la fauna salvaje, que antes no estaba amenazada.

Por desgracia, en las grandes competiciones deportivas, como las maratones o las ultra *trails*, la acumulación de basura en muy poco tiempo es un problema grave. Cuando se trata de pruebas que se realizan en la naturaleza, el impacto ambiental puede llegar a ser catastrófico. No son solo los desperdicios, sino el paso de un gran número de personas, vehículos e infraestructuras por zonas hasta entonces libres, y el hábitat de animales que serán desplazados.

Si bien muchos de los practicantes son movidos por la búsqueda del contacto con la naturaleza, para poder acceder a estas zonas y disfrutarlas se compromete la pureza del lugar. El equilibrio está en el respeto al medio ambiente. Y, sin duda, no son pocos los que han llevado su conciencia responsable también a la práctica deportiva. Salir a recoger plásticos a la playa, al mar o la montaña es ya muy común entre grupos de deportistas preocupados por la belleza de su entorno favorito.

El veganismo es cosa de mujeres

Porque «comer carne es cosa de hombres». Existe cierta tendencia a la asociación del hombre con el consumo de carne. La masculinidad se representa muchas veces a través de la explotación animal: la caza, el bistec poco hecho, la tapicería de cuero del coche deportivo... Los hombres salen de caza o de pesca para estrechar vínculos entre ellos, mientras las mujeres intercambiamos recetas y cotilleamos.

Los estereotipos y los roles de género nos influyen en todas las decisiones que tomamos. Mientras no podamos eliminar los roles de género que encorsetan a la sociedad, habrá una parte de la población que tendrá una presión social más elevada para no ser vegano.

No en vano, el veganismo se ha visto como un movimiento de compasión hacia los animales, una cualidad que normalmente se ha relacionado con el rol femenino: las emociones, la ternura, la madre. Sin embargo, la realidad es que no es la compasión por los animales lo que nos mueve, sino el objetivo de llegar a adquirir un compromiso con los derechos de otros seres vivos. Es una cuestión ética, ¡ni siquiera nos tienen que gustar los animales! Basta con respetarlos en todos los ámbitos.

No todo el movimiento vegano está formado por mujeres. Para ser honestos, la mayoría de los teóricos de la ética animal son hombres. Muchos cargos en las asociaciones animalistas están ocupados por hombres. Sin embargo, hay que ser conscientes de lo que hay detrás: cuando nos alejamos de las esferas de poder y prestigio dentro del movimiento, la mayoría de las activistas son mujeres. En cualquier acción que se haga a pie de calle, en las manifestaciones, en asociaciones animalistas, incluso en las redes sociales, el porcentaje de mujeres es muy, muy superior. Tanto que si la RAE permitiese que con mayoría de mujeres se pudiese utilizar el plural femenino, este libro hablaría de *las* activist*as* y *las* vegan*as*. Aunque estas páginas no estén escritas en lenguaje inclusivo, está dirigido a «todes vosotres», uséis el pronombre que uséis, tengáis el color de piel que tengáis, seáis como seáis.

Desgraciadamente, el movimiento antiespecista no está exento tampoco de machismo, ni de homofobia o cualquier otro tipo de LGTBfobia, ni de racismo o xenofobia. Todos los problemas de discriminación de los que adolece la sociedad afectan también a las comunidades de veganas.

El lenguaje especista

Empezar a ver a los animales como sujetos de derecho hace que prestemos más atención a cómo nos expresamos. Muchos animales tienen una consideración especial o una simbología concreta en la cultura popular regional. Por ejemplo, tanto el carnero como la representación del diablo o las vacas y los gatos como animales sagrados, en la India y en el Antiguo Egipto respectivamente.

El lenguaje se puede usar como metáforas o símbolos, y estos cambian según el idioma o el país. Son muchos los insultos que se refieren a animales: perro, gallina, burro, zorra. Se es pobre como una rata, tenemos vista de águila, somos unos linces, nos comportamos como cerdos... Sin embargo, los cerdos, por ejemplo, son animales que en libertad cuidan mucho de su aseo.

El lenguaje también sirve para especificar el animal, la parte en concreto o la preparación que se va a consumir. En muchos casos, estos recursos lingüísticos sirven para perpetuar el estigma de ciertos animales por considerarlos inferiores y, así, el animal deja de ser visible. La parte ya cortada y preparada, en muchos casos envasada, no recuerda al animal como individuo. El lenguaje también ayuda a crear esa distancia.

Cómo lo llamamos	Qué es realmente
Pescado	Pez muerto
Carne	Trozo del cuerpo de un animal muerto, se suele referir a la parte del músculo.
Filete	Tipo de corte de la carne de diferentes animales muertos que se crían en granjas y se sacrifican en mataderos.
Callos	Estómago cocinado de un cerdo para producir carne, al que se ha castrado sin anestesia.
Jamón serrano	Pierna de un cerdo criado en un edificio donde no veía la luz natural, que se ha curado en un secadero.
Lomo	Parte de la carne de un cerdo muerto que estaba en su espalda.
Foie gras	Hígado de un pato o ganso enfermo debido a la alimentación forzosa.
Cordero lechal	Bebé lactante de una oveja de cría, separado de su madre a los pocos días y codiciado por su tierna carne.
Tortillas	Óvulos no fecundados de gallina, cocinados en una sartén después de batir su contenido.
Hamburguesa	Formato de presentación de músculo y grasa de animales de una o varias especies.
Cuero	Piel de un animal muerto que ha pasado por un proceso altamente contaminante llamado curtido.

Veganismo sin culpa

Cuando hacemos el *click* en el veganismo, nuestra percepción del mundo cambia: ponemos el foco en los animales y comprobamos que vivimos en un mundo muy hostil para ellos. El medio ambiente no sale mejor parado. Nos frustramos, enfadamos o llegamos a instalarnos en la ira permanente. En muchos casos, los nuevos veganos tratan de imponer sus ideas a todo su entorno. Incluso a personas que son veganas desde hace tiempo, pero que no se comportan como ellos esperan.

La policía vegana

Cuanto estás rodeado de personas no veganas, sabes que si sale el tema en algún momento será para mandarte a la mítica isla desierta, hacerte las típicas preguntas o recordarte lo mucho que te pierdes, si bien es verdad que habrá aquellos que se interesen genuinamente por el veganismo.

Sin embargo, cuando estamos con otras personas veganas, en un curso, en un evento o en un foro, la cosa cambia radicalmente.

Aprende esto cuanto antes: no todas las personas veganas te apoyarán. En efecto, muchos aprovecharán cualquier descuido o error para atacarte. Es un hecho: hay algunas personas que compiten para demostrar que son más veganas que nadie. Suelen juzgar al resto por cualquier cosa y, en vez de aportar soluciones o respuestas, se dedican a quitarte puntos del carné de vegano. «La policía vegana», así solemos llamar a esta gente que se cree en posesión de la verdad, con potestad para «sancionarte» si te sales de los límites que han establecido.

Parece increíble que en un movimiento en el que se apela a la compasión, la empatía y la amplitud de miras, haya personas que ocupen su tiempo y desperdicien tanta energía en quedar por encima de los demás.

Aunque son minoría, se hacen muy presentes porque nos hacen sentir culpables. El veganismo nos llama a romper con unas costumbres culturales que van mucho más allá de las decisiones personales: comer carne no es una decisión personal, comemos animales porque vivimos en un mundo carnista. Nos cuesta entender el maltrato y la explotación que hay detrás de un vaso de leche o un huevo porque se naturaliza, desde que somos muy pequeños, que los animales tienen esa utilidad.

No todas las personas tienen opciones de repensar todas las acciones de su vida diaria, tanto a nivel personal como profesional. Puede ser por educación, por tiempo, por recursos económicos o por accesibilidad, incluso por carácter. Necesitamos que nos dejen avanzar a nuestro ritmo, que no haya nada que haga que nos estanquemos o que reculemos.

Es relevante recordar que la mayoría de nosotros no hemos crecido en ambientes veganos, vegetarianos o animalistas. Y, en el caso de haberlo hecho, hemos tenido una enorme suerte y debemos ser capaces de valorar el esfuerzo que han hecho los demás para que pudiéramos disfrutar de nuestro entorno tal y como lo conocemos: seguro que no ha sido una tarea fácil. Así que no hagas caso a la policía vegana y atiende solo a las personas que te aportan una crítica constructiva que te impulsa a mejorar.

Ser el activista que los animales necesitan

El veganismo necesita activistas, es un hecho. Quienes llevamos muchos años en esto lo sabemos. Un cambio de paradigma tan grande necesita un esfuerzo conjunto titánico, por lo que el veganismo debe ser ambicioso como movimiento. Debemos querer llegar al mayor número de personas posible, a las de nuestro entorno y a las que no conocemos y no conoceremos nunca. Debemos incidir realmente en las decisiones globales, amplificar nuestro discurso para que resuene más allá del lineal del supermercado.

Seguro que tienes una idea en la cabeza de cómo es un activista vegano. Bórrala. Hay muchas personas que hacen activismo por los animales que no encajan con ese cliché y es posible que tú seas una de ellas. Cuando alguien se mete en este mundo, se puede sentir perdido porque la definición de «activista animalista» no le encaja. Con el boicot de consumo, aun siendo vegetariano, podemos creer que ya hacemos suficiente. No todas las personas servimos para ese tipo de trabajo voluntario. Pero, evidentemente, la situación actual en la que vivimos es del todo insuficiente...

Mi activismo llegó a través de las redes sociales y me centré en lo que era más sencillo para mí: la alimentación. He tratado de llegar al mayor número de personas posible y transmitir que la alimentación vegana puede ser sencilla, barata, asequible y, además, sabrosa. No deja de ser lógico que mi aportación la haga desde mi sector profesional: la comunicación y las redes sociales. Encontré mi sitio y mi activismo en aquello en lo que sobresalgo, en lo que mejor sé hacer y mejor conozco.

Quiero animarte a que aproveches tu talento y tu conocimiento para que el mensaje del veganismo pueda llegar a cualquier ámbito. Que no solo se luche desde las asociaciones, los santuarios y las ONG, sino también desde cualquier sector profesional: la investigación, la medicina, la ciencia, la literatura, la comunicación, el derecho, los servicios de limpieza, las curas, el cine, la tecnología móvil, el campo, la moda, etcétera. Lleva el veganismo a tu terreno.

Veganiza platos, ¡no personas!

Hay un momento, generalmente al principio, en el que queremos veganizar a todo el mundo: a nuestra familia, nuestros amigos, las personas con las que estudiamos o trabajamos, a la vecina del quinto, a la panadera y también al médico que nos pone caras raras cuando le pedimos que nos mida la B_{12} en sangre.

Para muchos, descubrir el veganismo es encontrar que en el mundo hay un dolor y un sufrimiento sin fin para miles de animales y que esa situación es reversible: tenemos que dejar de consumirlos, explotarlos y utilizarlos. La solución parece tan sencilla, ¡que pensamos que es increíble que el resto no se dé cuenta!

Nos entra la prisa, la urgencia.

Pero corremos el riesgo de canalizar toda esa energía de forma negativa. Hay personas que después de ver vídeos de granjas de animales reales, procesos industriales cárnicos o pollitos triturados, abrazan el veganismo en una semana. Sin embargo, hay otras que, ante imágenes espantosas, se cierran por completo a tener más información. Se protegen de lo que muestran, de la aceptación de la responsabilidad, y este punto es importante: el saber que parte de sus convicciones eran falsas.

El carnismo es una forma de especismo, como señaló Melany Joy, y muchas de nuestras actuales convenciones sociales se basan en él. El veganismo las cuestiona, obligándonos a reconocer que son equivocadas.

Si los animales tienen capacidad para sentir, y nosotros les hacemos vivir una vida miserable que acaba con una muerte terrible ¿qué dice esto de nuestra sociedad? ¿Por qué nos emocionan los cachorros, pero mandamos a la trituradora a los pollitos? ¿Por qué nadie piensa en el sufrimiento de los peces, que se ahogan en las redes de pesca?

Si no necesitamos realmente carne para vivir, ¿en qué punto nos situamos?

A nadie le gusta enfrentarse a estas preguntas porque damos por hecho que nada de esto es cierto: la carne sí es necesaria, los animales están para que los explotemos industrialmente, sus vidas no tienen valor y su muerte es algo que realmente no importa. Debemos pensar así si queremos mantener el ritmo de consumo extremo de productos cárnicos, ropa de piel, calzado y todo aquello que podamos sacar de ellos.

El veganismo da respuesta a estas preguntas desde el punto de vista de la ética. Así es como la mayoría de veces el simple hecho de decir «no, gracias, soy vegano» hace que muchas personas se sientan atacadas. Dale la vuelta: ofrece comida, puntos de vista nuevos, opciones. Demuestra que tu negativa no es un ataque, sino un ofrecimiento.

Tu salud importa

Parte del veganismo trata de boicotear el consumo de alimentos y productos que provienen de la explotación y del maltrato animal. ¿Estamos incluyendo aquí las terapias médicas y los fármacos?

Los animales nos necesitan sanos. No se trata de situarnos por encima de ellos, sino de aplicar el pragmatismo. Es evidente que el objetivo de la industria farmacéutica, así como de la alimentaria, es generar beneficios y hacer ricos a los dueños de sus empresas. Pero eso no significa que haya una conspiración para hacernos enfermar, sino que tenemos que ser responsables al consumir fármacos, igual que lo somos en cualquier otra compra.

Por desgracia, nos encontramos en un momento en el que la experimentación animal sigue siendo obligatoria por ley, y de forma generalizada, para probar un fármaco, un procedimiento quirúrgico o cualquier prueba para un estudio posterior en humanos. En la mayoría de los casos es absolutamente innecesario y ya hay alternativas viables sin tener que explotar animales para conseguirlo, aunque quizá sean más caras.

Está claro que hay intereses ocultos más allá del bienestar de la gente y del avance de la ciencia, y que nosotros, como veganos, no estamos en contra del progreso. A la larga, el progreso científico tendrá que ir más allá del antropocentrismo para resolver los nuevos retos que plantean los desastres medioambientales. Por supuesto, eso pasa por abandonar las prácticas actuales, dejar de explotar a los animales y poner el foco en encontrar soluciones para todos, humanos y no humanos.

Esa es la razón por la que un boicot de consumo no tiene sentido. No podemos pedirle a nadie que ponga en riesgo su salud o la de sus seres queridos: la salud es una necesidad de primer orden. Pero sí podemos exigir a las administraciones que se utilicen los métodos más éticos posibles.

En los casos en que los nuevos métodos sin crueldad animal son superiores en resultados, resulta todavía más obvio que focalizar nuestros esfuerzos en exigir que se utilicen; dará más resultado que boicotear a un laboratorio o a un medicamento en concreto. Con los argumentos precisos, es posible que muchas personas no veganas se unan a la reivindicación y que se pueda articular una petición que llegue a los estamentos oficiales responsables de las decisiones. Esa será la forma de acabar con estas prácticas horribles.

Es cierto que hoy sigue habiendo casos en los que los ensayos clínicos con animales, incluyendo la vivisección, son la única alternativa. Deberíamos centrarnos en reivindicar que se centren en buscar otra posibilidad. Sabemos que también hay investigaciones que malgastan recursos al investigar con animales, pero con ellos dan buenos resultados y fracasan estrepitosamente en humanos. Se trata, a todas luces, de un modelo caduco; así que tenemos mucho que ganar proponiendo mejoras.

La voz de los animales

Hay personas que hacen un trabajo activista que marca la diferencia. Su trabajo a favor del antiespecismo y el animalismo visibiliza la situación de los animales desde distintos puntos de vista. Apoyar a estas personas y sus iniciativas, para que puedan llegar a más gente, es también una opción digna y efectiva.

El fotoperiodismo y los reportajes de infiltrados

Las imágenes de la explotación y el maltrato animal que vemos en los documentales, las redes sociales y los medios de comunicación son un arma muy potente en la lucha por los derechos de los animales. Las grabaciones y las imágenes no se obtienen de investigaciones de veterinarios, de ganaderos o de las administraciones.

Sin esta actividad, no conoceríamos algunas prácticas que salen a la luz gracias a gente que no está en el sector ganadero. No nos imaginaríamos cómo viven hacinados los animales en jaulas o cómo es realmente una granja ecológica. O qué aspecto tienen los animales explotados, más allá de la imagen de salud de los envases de los supermercados.

Si podemos ver qué ocurre dentro de un matadero, cómo viven los animales de las granjas de cría o de la industria láctea, es porque hay activistas que deciden ponerse en riesgo e investigar. La labor de estos fotoperiodistas y activistas es crucial para descubrir la realidad más allá de la publicidad engañosa sobre el bienestar animal en la ganadería o las campañas de los lobbies y las administraciones, siempre centrados en la productividad y los beneficios.

Dependiendo de las leyes de cada país, es posible que para poder realizar la investigación se deba cometer un delito, incluso cuando en el proceso se destapan ilegalidades e incumplimiento de la normativa. Por lo tanto, es una práctica arriesgada.

Sin duda, el mejor apoyo es adquirir sus publicaciones y, a cambio, realizar donaciones a las asociaciones, las ONG y fundaciones que las financian.

Los santuarios de animales

Las gallinas felices existen, pero no son las que viven en granjas poniendo huevos, aunque coman grano y pisen el suelo durante unas horas. Las gallinas, las vacas, los cerdos y muchos otros animales de granja viven felices en los santuarios.

El concepto de santuario es justo el contrario al de la granja: allí viven en paz, junto a otros como ellos, donde se sienten cuidados y seguros. Los fundadores de los santuarios, los trabajadores y los voluntarios se ocupan de que los animales tengan todos los cuidados necesarios y que vivan en un entorno seguro.

Los santuarios de animales, ya sean de granja o salvajes, se han convertido en un medio de difusión de la ética animal. Gracias a las redes sociales, podemos seguir las vidas de estos animales en entornos saludables, donde son queridos y respetados. Allí tienen un nombre, una historia y una familia.

Los santuarios, contrariamente a los zoos, no viven de las visitas, sino de las donaciones y los apadrinamientos. En la mayoría, aunque solo en momentos muy concretos y de forma muy controlada, es posible la visita. Sin embargo, se han convertido en una de las herramientas más útiles para poner cara a quien antes era simplemente «comida» o «ropa».

Por contraste, las imágenes de las investigaciones en explotaciones ganaderas y las de animales felices en los santuarios muestran la dicotomía a la que nos enfrentamos todas las personas al elegir qué tipo de consumo queremos hacer.

Podemos ayudarles apadrinando un animal o con donaciones esporádicas, pero también compartiendo aquellas imágenes en las que los animales son realmente ellos mismos.

Activismo a pie de calle

¿Es posible que haya personas que nunca han visto imágenes del interior de una granja industrializada? ¿Que no conozcan las investigaciones que han destapado casos importantes de ilegalidades en granjas en todo el mundo? Pese a tener tanta información disponible, es posible que, efectivamente, mucha gente nunca haya accedido a ese tipo de imágenes. O que las haya ignorado, de forma consciente o inconsciente.

Hay muchas formas de hacer activismo a pie de calle. Desde recoger firmas para iniciativas legislativas a proporcionar información, pasando por la promoción de las adopciones responsables. Es seguramente la forma más antigua de promocionar el veganismo y tiene muchas ventajas sobre los debates en redes sociales. Sin el anonimato ni la distancia de estar tras una pantalla, el intercambio de opiniones entre dos personas es mucho más civilizado: la cara humaniza la discusión.

Los cubos de la verdad son acciones callejeras que realizan los grupos de Anonymous for the Voiceless. Es una forma de llegar a personas que, por distintos motivos, nunca se plantearían ver esas imágenes o comentarlas. Mediante tabletas y ordenadores, muestran imágenes duras y charlan con la gente que quiere debatir o saber más. Es una acción en la que el grupo no se mueve, sino que se sitúa en un punto concreto de la vía pública, sin molestar, y son los transeúntes los que deciden pararse o no. En este caso, los activistas se organizan y utilizan su tiempo y sus propios recursos para realizar las acciones.

También hay acciones a pie de calle en lugares estratégicos. Es habitual encontrarse activistas informando o concentrándose en las puertas de los zoos, los delfinarios o los centros de investigación donde se experimenta con animales. Otras realizan *performances* para llamar la atención de los medios de comunicación. Son acciones sencillas de organizar y que ayudan a visibilizar cada problemática.

La participación, puntual o no, en cualquiera de ellas es importante para su éxito y es la mejor manera de aprender conociendo a otros activistas.

Rescates, acogidas y adopciones

Hay un gran número de personas, a título individual, organizadas como asociación o establecidas como refugio que se dedican a rescatar y acoger animales abandonados y maltratados. No todas las personas implicadas son veganas o antiespecistas, pero sin duda son parte imprescindible del movimiento.

Desde camadas tiradas a la basura a perros de caza que ya no se consideran útiles, pasando por el cuidado de las colonias de gatos ferales: se emplean muchas horas y muchos recursos propios mejorando las vidas de estos seres.

Los rescates no son solo de animales domésticos como

perros, gatos o conejos. También los hay de animales salvajes que se han dañado, en muchas ocasiones por culpa de trampas o de la caza con perros o armas, y de animales de granja que serán desechados. Con los animales de granja la dificultad radica, primero, en conseguir que tanto el ganadero como las administraciones permitan el traslado del animal, y, después, en conseguir que ese animal, si no puede vivir en una casa particular por sus necesidades, sea acogido en un santuario.

Si no podemos participar de forma directa en la adopción, es posible que podamos ser casa de acogida temporal, para que vivan mejor hasta conseguir una familia. Y, en todo caso, siempre podemos intentar poner nuestro grano de arena cuando piden ayuda para pagar gastos veterinarios, mantas o material.

No todos los rescates que se hacen son de animales domésticos abandonados o animales de granja que serán desechados. También hay activistas que impiden la caza de animales o que liberan a animales de granjas o laboratorios de forma ilegal. Este tipo de activismo busca provocar pérdidas económicas para conseguir el fin de algunas prácticas. Sigue generando debate dentro del movimiento por su impacto social negativo.

Las organizaciones animalistas

Participar en unas grandes manifestaciones contra las corridas de toros, el maltrato o la abolición de la explotación animal es también una forma de hacer activismo. Podemos ir simplemente a la manifestación o ser voluntarios de las organizaciones que las convocan.

En otros casos serán acciones mucho menos masivas pero más impactantes, dirigidas a captar la atención de los medios de comunicación. Para que sea un éxito, es imprescindible un grupo de personas que trabaje de forma conjunta. Muchas de las campañas que las personas veganas apoyan y que se ven en los medios de comunicación nacen de estas organizaciones, que también promueven recogidas de firmas y proposiciones de ley para mejorar la situación de los animales. Sin ellas, sería difícil que haya ciudades que tengan vetados los circos con animales. También son las que normalmente consiguen acuerdos con las administraciones para que se mejore el bienestar de los animales de granja.

Las organizaciones animalistas pueden ser de carácter local o internacional, incluso con amplia repercusión y reconocimiento en los medios. En algunas tan solo hay voluntarios, en otras trabajadores a tiempo parcial o completo. Investiga y mantente al día de sus progresos; te sorprenderás.

Abolicionistas contra bienestaristas

A menos que no tengas redes sociales, que no seas activista, que no participes en manifestaciones y protestas y que no quieras relacionarte con personas veganas... esta es una disputa con la que te encontrarás en algún momento. Este libro no pretende discutir sobre el abolicionismo o el bienestarismo, pero sí merece la pena clarificar qué significan e implican ambas posturas, además de señalar sus puntos en común.

Frente a la lucha común antiespecista, surgen estas dos maneras de enfocarla. Si bien una es más drástica que la otra, lo cierto es que son distintas formas de encarar la misma batalla. Tenemos, por un lado, a quienes promueven el abolicionismo, es decir, lo que podríamos definir como «el fin de la explotación animal por sí misma», y, por otro, a los que optan por medidas menos radicales, las bienestaristas, que son las destinadas a mejorar la vida de los animales hasta que la abolición pueda conseguirse.

Como decíamos, desde el abolicionismo se promueven acciones directamente encaradas a terminar con la explotación animal. Por ejemplo, que el descenso del consumo de carne haga que se acaben las granjas. Suelen ser campañas con imágenes duras y con un discurso que no se centra en un animal o una situación en concreto. Si fuéramos bienestaristas, para el mismo ejemplo, promoveríamos medidas intermedias: pedir jaulas más grandes y con menos individuos para un animal de granja en especial. Estas campañas de concienciación también muestran imágenes duras, pero no con tanta frecuencia, y además se centran en un tema determinado.

Ahora bien, ¿quién tiene razón? Las dos posturas presentan ventajas e inconvenientes. Las medidas bienestaristas pueden conseguir una pequeña mejora en la vida de esos animales, pero al mismo tiempo dan tranquilidad moral a una parte conformista de la sociedad no vegana o antiespecista que creerá que lo conseguido es suficiente y no tomará conciencia del problema. La postura abolicionista suele ir a la raíz de la situación para solucionarla; a pesar de que sus acciones tienen repercusiones positivas y mucha gente empatiza con ellas por su dureza, precisamente porque son temas de calado, muchas personas tienden a verlo como una postura extremista.

Tengamos la postura que tengamos, nuestra implicación en el movimiento debería ser suficiente para respetarnos entre nosotros.

La importancia del activismo político

El veganismo, dependiendo del país donde residas, puede ser algo casi desconocido o haberse popularizado. En Europa, mucha gente está dejando de consumir carne y lácteos por temas ambientalistas. Ya es una realidad que disminuye las ventas de la industria ganadera y, desde el antiespecismo, esto se celebra como una victoria. ¿Cómo podría no ser una buena noticia? Es una demostración directa de que nuestras pequeñas acciones individuales tienen peso: ¡nuestras elecciones personales importan!

Sin embargo, ante una situación desfavorable de un sector industrial importante para la economía y el empleo de una región, las administraciones contribuyen para que no desaparezca. Hay muchas formas de ayudar a un sector económico a salir a flote. En ocasiones con aranceles y leyes que lo favorezcan, en otros con distintos tipos de subvenciones o ayudas internacionales. Cuando esto ocurre, a pesar de que no estamos financiando estas prácticas directamente, lo hacemos de forma indirecta, a través del pago de impuestos.

Por suerte, esto no significa que desde el animalismo y la comunidad vegana no se celebren las pequeñas victorias, sino que hay que ir más allá, ponernos manos a la obra. Es imposible contrarrestar estas situaciones a título individual; suceden en entornos políticos, a los que la mayoría de gente no tenemos acceso directo ni en lo que no podemos incidir de ninguna forma. Más allá de las elecciones y los partidos políticos, también de los sindicatos, son los lobbies los que realmente están marcando la diferencia.

Los peligros del ciberactivismo

Sin duda, el acceso a la información a través de internet ha sido una de las herramientas de los activistas para poder formarse e indagar en los temas que les inquietan. La información ya no está únicamente al alcance de unos pocos, compartida en círculos reducidos o en inglés, como ocurría antes: desde folletos a ensayos sobre teoría antiespecista, pasando por recetas, reportajes y conferencias. Internet ha normalizado el intercambio de distintos puntos de vista. Con la llegada de las redes sociales, podemos compartir toda esta información de forma más sencilla, con amigos y familia o con completos desconocidos. También podemos crear nuestra propia información y publicarla. Así, el ciberactivismo crece hasta apantallar en muchos casos al resto de activismos.

Uno de los peligros más graves es creer, como ya se ha

comentado, que simplemente compartiendo o apoyando causas en internet se podrá revertir la situación de desamparo que viven los animales. Aunque nos pueda generar una sensación de bienestar por haber hecho una «buena obra», nos aleja de la acción y del compromiso.

Sin embargo, en realidad hay dos peligros más, completamente interrelacionados, que debemos tener siempre en cuenta:

El primero es la propagación de datos falsos sin contrastar. Puede ser información que hace años se daba por buena —como aquello de que la espirulina servía para complementar la B_{12}—, y que ahora sabemos que no es cierto. Este tipo de frases se siguen viendo y crean confusión y debate sobre algo que debería estar ya superado. Lo mismo ocurre con la dietética: por ejemplo, se habla de que la leche de vaca produce cáncer, algo que no es cierto en absoluto, o de que el brócoli tiene más proteína que la carne a base de comparativas que nos inducen a error.

En segundo lugar está la atomización de los grupos de veganos y ciberactivistas.

Los (auto)cuidados

Abrir los ojos al antiespecismo es muy duro. Durante años lo hemos ignorado, así que ver el mundo con los ojos de los animales nos puede parecer insoportable. Artículos, imágenes, vídeos virales, documentales... puede que llegue un momento en que no soportes ver más.

Dentro de la comunidad vegana, estos detalles suelen

descuidarse. La urgencia de las circunstancias, junto al volumen de temas y la gravedad de los problemas, hace que las personas más implicadas se vuelquen en su resolución y se olviden de ellos.

La situación actual solo puede revertirse desde la acción colectiva. Aunque la comunidad vegana sea heterogénea, no es lo mismo la suma de acciones individuales que las acciones conjuntas. Y para ello, además de respetar las diversas posturas de cada vegano, es necesario evitar lo siguiente para crear un entorno seguro y obtener progresos en una lucha compleja:

- Cargarnos con el trabajo extra hasta el punto de normalizarlo.
- Realizar esfuerzos físicos extenuantes de forma constante.
- Reprocharnos no llegar a todo.
- Hacer de los voluntariados una obligación.
- Descuidar el tiempo personal.
- Culparnos de los errores ajenos.
- Preocuparnos por situaciones que no está en nuestras manos resolver.

Caídas y recaídas

En camino hacia el veganismo, es fácil tener caídas, descuidos. Es muy posible que algo que en principio creímos que era vegano, luego no lo sea. Nos da por investigar sobre un producto que nunca hubiésemos imaginado con componentes animales y, de repente, vemos en un foro o en las redes sociales que no es vegano. ¿Qué hemos estado haciendo? A veces es aún peor: descuidamos la lectura de los ingredientes y, tras comprar algo con apariencia vegana, descubrimos que contenía queso o carne cuando es demasiado tarde.

Ante algo así, solo podemos tratar de recordar que debemos vigilar aquello que compramos y que comemos, vigilar muy bien las etiquetas y no dar nunca por sentado que un producto es apto sin revisar los ingredientes. Tendremos que hacer exactamente lo mismo en los restaurantes o en las comidas familiares. No es desconfianza, sino meticulosidad. Con los años, estas situaciones se van reduciendo hasta la mínima expresión, así que no te enfades mucho contigo mismo, porque te puede ocurrir incluso en los países con más variedad apta para personas veganas.

Por regla general, solemos sentirnos mucho peor con los errores en la alimentación (porque literalmente hemos tenido un trozo de animal en la boca) que con otras situaciones que para el animal son igual de terribles. Por ejemplo, comprar un jabón con glicerina (que es grasa animal y por lo tanto implica igualmente su muerte), o un perfume con almizcle (que es una sustancia que se encuentra en algunas glándulas animales).

Incluso nos puede pasar que le demos menos importancia al calzado o la ropa. Para empezar, porque a muchos tipos de lana o de pelo de animal se les llama por nombres más técnicos que igual desconocemos. Si nos pusiéramos ahora a revisar todas nuestras etiquetas, seguro que se nos habrá colado algo en todo este tiempo.

Hay muchos zapatos sintéticos o textiles que tienen la plantilla o parte de la suela de piel; muchos adornos de la ropa, como las capuchas de algunos abrigos, son de pelo animal. Por desgracia, no siempre lo indican, especialmente las marcas más baratas.

Las opciones veganas, ya sean a base de materiales vegetales naturales o sintéticos, o incluso de plásticos reciclados, pueden cubrir la demanda de casi cualquier cosa. Desde una estola de pelo a unos pantalones de cuero o unas botas vaqueras. Es simple: solo tenemos que revisar etiquetas y, si no encontramos lo que buscamos, plantearnos si nuestra voluntad de consumo vale más que la vida de otro ser.

Podemos enfrentarnos a recaídas. Es decir, en algún momento podemos elegir algo que no es vegano. Tal vez suceda por presión social, por agotamiento o incluso por motivos económicos. Evidentemente, no es lo mismo que nos obligue nuestro trabajo, que seguramente no podremos dejar de un día para otro, a que simplemente lo hagamos porque nos ha apetecido o nos ha resultado más sencillo.

Agradecimientos

A Cris, Vicky, Tammy, Aran, Aída y Vero.

Este libro nunca habría sido posible sin el gran apoyo que ha tenido mi proyecto personal, *Mi Dieta Vegana*, en Instagram. Durante años, el número de seguidores no ha dejado de crecer, mientras la comunidad vegana hispana y castellanoparlante se ha hecho más grande y diversa. Muchísimas gracias a todas las personas que han cambiado sus hábitos, reduciendo o eliminando productos de origen animal de su dieta gracias a las redes sociales.

Gracias a la amistad y la complicidad de las vegan bloggers e instagramers. Una comunidad en la que prima el apoyo mutuo y la compresión por encima de la competitividad de cualquier clase. No puedo estar más agradecida por teneros en mi vida. De vosotras he aprendido a respetar otros tipos de activismo, a mejorar mi comunicación, a darle valor a mi aportación y a mejorar mi contenido.

Es un orgullo poder compartir esta lucha con personas a las que admiro tanto.

megustaleer

Descubre tu
próxima lectura

Apúntate y recibirás
recomendaciones de lecturas
personalizadas.

www.megustaleer.club